シュタイナー教育に学ぶ

通信講座シリーズ　NO.6

「人はなぜ生きるのか」
シュタイナー教育が目指すもの

表紙・本文デザイン　山下知子

イラスト　御手洗仁美

カバーにじみ絵　金沢拓斗（シュタイナーいずみの土曜学校3年生）

第2期
シュタイナー教育に学ぶ通信講座

……1年を終え、2年目に向けて……

大村祐子 ひびきの村代表

読者の皆さま、この1年間、ご一緒に学ぶ機会を与えてくださいましたことを、心よりありがたく、お礼申し上げます。本当にありがとうございました。

2000年2月24日夜、「ほんの木」出版社の柴田敬三さんからファックスが届きました。2日前にお送りした4月号の原稿の入稿を終えた、という知らせでした。そして、そのファックスにはこの1年間のわたしの仕事を労《ねぎら》ってくださる言葉が書かれてありました。柴田さんはこの1年の間、原稿書きの約束事を知らないまま書いている、わたしの原稿に注文をつけることをまったくなさいませんでした。原稿を受け取った後には沢山のご苦労があったことと思われますのに、それをわたしに一言もおっしゃらずに、煩雑《はんざつ》な仕事を引き受けてくださっていたのです。本当にありがたいことです。柴田さんとの出会いがありませんでしたら、皆さまとの大切な出会いもあり得ませんでした。まず柴田さんとほんの木出版社の皆さまに、そして共に学んでくださった読者の皆さまに、「ひびきの村」の仲間に、シュタイナーいずみの学校の子どもたちとご両親に、あるゆる所でわたしと「ひびきの村」を支えてくださっているすべての方々に、この1年間の温かいお心を、深く深く感謝いたします。皆さまの存在が、わたしに書き続ける勇気と力を与えてくださいました。本当にありがとうございました。

わたしは、わたし自身が二人の子どもを育てている間に体験した、だれにも話せなかったさまざまな思いを、多くの方々と分かち合いたいと願っていました。それが必要なことであったら、必ず同じ志を持つ方に出会ってそれが実現するに違いない、という確信を持っていました。そうして、2年前の2月に柴田さんと出会い、1999年3月、「わたしの話を聞いてくれますか」が出版され、続いて6月からこの通信講座が始められたのです。「必要な事は、必要な時に、必要な人によって、必要な形で実現される」という確信は、ますますわたしの内で揺《ゆ》るぎないものになっています。そして、今皆さまと出会い、ご一緒に学んでいることも、日本の、世界の、いえ全宇宙の進化のためにどうしても必要なことなのだという強い確信もあります。

皆さまの尊く篤《あつ》いお心によって、わたしはさらに前に進むように促《うなが》され、今、皆さまと共に学ぶ2年目を迎える準備を始めました。生命あるすべてのものが甦《よみがえ》る北海道の美しい6月に、また皆さまとお目にかかれることを楽しみにいたしております。どうぞ、お元気でお暮らしください。

今月のトピックス

人はなぜ生きるのか？

懸念《けねん》されていた2000年問題も大過無く過ぎ、新しいミレニアムの緒《ちょ》に就いて、今皆さまはどんなことを考え、どんなことを思っていらっしゃるでしょうか。殺人や暴力事件が次々に起き、日本経済は相変わらず低迷を続け、政治家は日本と日本人が世界に対してどのような役割を担っているかというような、大きなビジョンを持って仕事しているようには見えません。わたしたちを取り巻く状況は暗い材料ばかりのような気もします。が、その暗闇の中にいて尚《なお》、力に恵まれた若い人たちがいることに、わたしは大きな光と希望を感じています。神戸地震が起きた後のこの5年間、震災に遭《あ》った人たちの力になり続けてきた人たちがいます。増えてゆくお年寄りの介護に身を捧《ささ》げている若者がいます。人に評価されることのない仕事を黙々と続けている人たちがいます。「ひびきの村」にもこの2、3ヶ月の間に、日本各地から、また外国からも続々と若い人たちが集って来ました。多くの10代、20代のスタッフが働いています。彼らは僅《わず》かなお給金をもらって生活しています。彼らを見ていると彼らにとって大切なものは、自分の使命を果たすこと。たとえその使命が人に評価されることがなくとも、仕事が辛く困難なことであっても続けること。その仕事をすることで収入を得られなくとも是とすることであるような気がします。彼らにとっては使命を遂《と》げること、それによって今生《こんじょう》での自らの課題を果たすことがなによりも大切なことであり、またそれが無上の喜びであるように思えます。彼らにとってはお金よりも、人の評価よりも、地位よりも、安逸《あんいつ》な生活よりも、便利な物、豪華な物を持つことよりも、自分が人の役に立っている、自分の存在が人に求められている、必要とされている、そのことが何よりも大切なのでしょう。

皆さまとご一緒に、この一年間わたしは子どもの教育のことを考え続けてきました。子どもを育てるとはいったいどういうことなのだろう、子どもが育つためにはどんなことが必要なのだろうか、わたしは子どもをどのように育てたいと思っているのだろう、子どもを育てているわたしはいったいどんな存在なのだろう、わたしの生を全うするとはどんなことなのだろう、果たしてわたしはわたしの課題を果しつつあるのだろうか。そして、結局「わたしは何のために生まれ、何をするためにここにいるのだろう」という人生の最大の謎《なぞ》、人類が持つ根本的な問に戻ってきたのでした。ギリシャ時代の遺跡に「人はなんのために生まれたのか」という落書きがある、という話を読んだことがあります。そんな大昔から人間は「なぜ生まれてきたのか」「なぜ、生き続けなければならないのか」「どんな使命をもって生まれてきたのか」と考え続けてきたのでしょう。そして、その謎《なぞ》は未だに多くの人にとって謎のままなのです。

ルドルフ・シュタイナーは、わたしたちがこの地球期に果たさなければならない課題は「愛を実現することだ」と言っています。そしてまた、わたしたち人間は「精神的に進化すること」を目的として生まれ、死に、再び生まれ、死んで行く、生まれ変わり、死に変わりして、わたしたち人間は「精神の進化」を遂《と》げるのだと言います。

すでに学んだように、わたしたちは「身体」と「心（魂）」と「精神（霊）」とを持っています。人間を構成しているこの三つの中で、もっとも叡智《えいち》に貫かれているのは「身体」です。「身体」は決して間違いを犯しません。今号では十二感覚論の中の「味覚」について書きましたが、わたしたちは本来、身体の健康を保ち、生き生きと生きるために物を食べているはずですね。けれど、今わたしたちは殆《ほとん》どの場合、「おいしい」か「おいしくない」かという判断で物を食べているように思います。ですから、わたしたちはおいしいものはお腹がいっぱいになってもまだ食べ続けようとしますし、おいしくない物は健康のために必要だと分っていても食べようとしません。叡智《えいち》に満たされているわたしたちの「身体」はそれを知っていて、「身体」に必要な物と必要ではない物をわたしたちに知らせてくれているのに、わたしたちは容易にそれに従おうとしません。「身体」が教えてくれていることに従わないのは、わたしたちの「心」なのだとシュタイナーは言います。「心」は常に共感「好き」と、反感「嫌い」の間を揺れ動いています。そして、間違いを犯すのです。なぜ、わたしたちは叡智に満たされ、より完全に近い「身体」の在り方に従うことができないのでしょうか。わたしたちの「身体」は、わたしたちのすべきこと、する必要のないこと、そして本質的なものと非本質的なものを教えてくれます。それにも関わらず、わたしたちは「身体」が示してくれることに従うことができません。それはなぜなのか？　従わないことにはどんな意味があるのか？　そして、もしわたしたちが「身体」が示してくれていることに従うことができたら、どんなことが起きるのか？

皆さまとご一緒にこの通信講座でシュタイナー教育を学んできて一年が経ちました。わたしはこれを機会に、皆さまと共に、「人間はなぜ生きるのか」の問いに、真剣に向き合いたいと考えました。そして長い間考え続けているうちに、この問いに対する答えを模索するためには、ルドルフ・シュタイナーの人間観と、彼の洞察する人類の進化の歴史を学ぶことがとても重要だと思えました。それで、今日は皆さまとご一緒にこのことについて考えたいと思います。

ルドルフ・シュタイナーの洞察によって書かれた「宇宙の進化論」に依りますと、人間がこの宇宙に存在するようになった時に、人間はまず物質として現れたということです（勿論《もちろん》、心（魂）と自我

（精神）の萌芽《ほうが》を含んではいました）。そして、その物質は鉱物に似た状態で在ったと言います。けれどその鉱物は、今わたしたちが目にしている物とは違って、その内に生命の輝きを持っていました。そして後に、その鉱物状の物質の中にはっきりとした生命体が生まれました。人類の進化の歴史の中で、その時植物に似た状態になったのです。そして再び永い永い時間が過ぎました。次にその植物に似た状態の物質に、感情体が加えられました。ここでようやく人類は動物のような段階に進んだのです。それから更に永い永い時が経ちました。その間、熱、気体、液体のプロセスを経て、地球は固まり、天と地と水に分けられ、人間は呼吸をするようになりました。「呼吸をすることによってわたしたちは自我を持つに至った」とシュタイナーは言っています。

ルドルフ・シュタイナーの洞察による「宇宙の進化」はとてつもなく広く、深く、高いものです。こんなに簡単に要約されるべきものではありません。それにこんな要約では彼の進化論が示す世界観の片鱗《へんりん》をも理解することはできませんでしょう。どうぞ皆さまも、彼の「宇宙進化論」を是非、お読みください。それは、わたしたちの認識の力を遥《はる》かに越えるものです。けれど、きっと皆さまは宇宙の進化の様《さま》を、感覚の力で微《かす》かに知覚することができるに違いありません。今日はそれをほんの少し、皆さまと辿《たど》ってみたいと思います。それによって「人はなぜ生きるのか」という問いの答えに近づくことができるかもしれません。

さて、わたしたちには到底想像も、認識もできないほどの永い永い時間をかけて地球は固まり、天と地と水の部分に分かれました。そして人間の周囲はようやく空気に満たされるようになりました。人間は呼吸を始めたのです。その時、かつては人間の外に在った精神が人間の中に入ったと言います。いわば精神は空気を通して人間の中に入ったのです。以前にも皆さまとご一緒に学んだように、自我は精神の働きであり、その働きによってわたしたちは思考することができます。人間の自我は呼吸する空気をとおして人間の中に入ってきたと言えるのですね。皆さまは聖書の中の天地が創造された後、人類の始祖であるアダムとイヴが神の似姿として創られたというくだりをご存知ですね。この部分が人類が呼吸を始め、そして人間の内に精神がもたらされた、ということを表わしているのです。

ところで、地球が進化している間に「月」の上でも進化が進んでいました。「月」には人間より遥《はる》かに精神の進化を遂げた存在が在りました。(この存在をわたしたちは『神』とも呼んでいます)ところが「月」が進化を終えた時、神々の進化から取り残されたものが在りました。それは神々と人間との間に立つ存在として残ったのです。ルシファー(誘惑者)と呼ばれるこの存在は、人間を神の高みに誘いました。この部分が蛇に誘惑されてアダムとイヴが禁断の木の実(知恵の実)を食べたくだりなのです。その時、アダムとイヴを探して創造主がやって来ました。知恵の木の実を食べたアダムとイヴは、自分たちが身体になにも纏《まと》っていないということに気が付きました。そして、それを恥じて、創造主の前に姿を現すことができませんでした。知恵の木の実を食べたことによって、彼らははじめて自分の姿を見ることができるようになったのです。つまり、この時彼らは自分を客観的に見る力、すなわち「わたし」という自我意識を持ったのです。このことこそ、誘惑者の意図したことでありました。そして、人間は自我を持つことによって「善」と「悪」の認識を獲得しました。つまり、彼らは裸でいることが恥ずかしい、裸でいることは「悪だ」と認識するようになったのです。それ以前には彼らにはそのような認識がありませんでした。自分たちが裸でいたことすら気が付かなかったのです。つまり、自分を客観的に見る力を持っていませんでした。自分を客観視できるのは「自我」の力に依ります。つまり、自らの存在を「わたし」である、「わたし」は他とは異なる存在だと認識する力です。このことによって人間は「善」と「悪」を知り、「善」「悪」の選択ができるようになりました。そして、迷うこともできるようになりました。つまり、人類はこの時から自らの内に「悪」の可能性をもって進化し始めたのです。

人類に自我が芽生え、善悪を選択することができるようになったことで、地球は振動し、地は滅びました。そうして、人類（レムリア人）の大部分は彼ら自身の激情によって崩壊したと言われます。その後、アトランティス大陸は大洪水によって次第に海中に没していき、民族は東の方、ヨーロッパとアジアに向かって移動しました。この時代の人々はまだ高次の霊視力を持っていたと言われ、特に夜には、彼らは神々と交流できたと言います。神話や伝説として伝えられているものは、この時の彼らの体験なのです。アトランティス大陸が海中に没したために、地上のあらゆる所に民族は取り残されました。こうして取り残された民族は、精神界と強い結び付きを持ち、感覚を超えてさまざまなことを洞察する力を持った、一人の指導者に導かれました。この指導者は取り残された民族の中から、優れた人々を選び出しました。そして彼らに教え、示し、その中でも最も優れた者たちを世界各地に赴《おもむ》かせたのでした。遣《つか》わされた者たちはそれぞれの場所でインド文化、原ペルシャ文化、エジプト・バビロニア・アッシリア文化、ギリシャ・ラテン文化を築いたのです。そしてさらに時が経ち、ゲルマン・アングロサクソン文化が生まれました。

こうして新しい文化の始祖となった者たちは、人類が地上で生きるためにあらゆることを教え、示しました。一日の時間を区分すること、そして朝から夕方までを労働の時間とすること、というような細かいことまでも規則として人々に示したのです。さらに、彼ら自身の生き方をとおして、道徳的に生きるための教育もしたのでした。そして、人々は次第に論理的な思考をするようになり、計算することも可能になりました。しかし、反面、人間は感覚が外的に知覚するものを大切にするようになり、ますます彼らの内に持っていた神性を失っていったのです。それによって人間は「自然は神の身体である」ということをも理解できなくなっていきました。しかし、人類は自らの内に、また自然の中に神性を見ることができなくなったことによって、ふたたび神性への憧《あこが》れが生まれたのです。人間の心の中に「自然の背後に神がいるに違いない」という思いが生まれました。これこそが、自我意識を持って、そして精神の力によって、探求しなければならないことなのだということを、人類が認識したのです。そうして「宗教」が生まれました。

失った神を探すために、人類はさまざまな道を辿《たど》りました。インド文化に生きた人々は夢のような状態を保ち、その中に神性を見出そうとしました。自然の中ではなく、自らが作り上げたイメージやヴィジョン、イマジネーションの中に神性を見ようと努めたのです。つまり、彼らは幻影を超えて神へ至るための修行をしました。それがヨーガと呼ばれるものです。ルドルフ・シュタイナーは、この衝動が人類が精神界に戻ろうとした第一歩であったと言います。が、しかし人間はこの段階で、文化を高める力を持ち得なかったとも言っています。それは彼らが常に幻影を追い求め、外なる世界に在るすべての物から目を逸《そ》らそうとしたからだ、と言ます。

さて、原ペルシャ文化を築いた人々は、「自然界は神性の模造であり、自然界から目を逸らさず、自然界を改造しなければならない」と考えました。彼らは自然に働きかけ、自然を改造しようとしたのです。つまり、彼らは農夫となって地を耕したのでした。彼らは外なる世界が幻影ではなく、確かに存在するものだという認識を持っていました。そしてその実在する世界は神の世界と共に在る、と考えたのです。つまり、彼らは彼らの周囲には自らがイメージすることのできる神の世界と、自分の身体を使って働きかけるべき現実の世界の二つがあるのだと確信したのでした。しかし、彼らは自然界の中に法則を見出すことができませんでした。それは、後のカルディア・アッシリア・バビロニア・エジプト民族に委ねられました。

カルディア・アッシリア・バビロニア・エジプト文化に生きた人々は世界を司っている法則を学び

ました。彼らは空を見上げて太陽、月、星々が、ある一定の決まりの中で動いている、ということに気が付きました。そして、その決まりによって彼らの生活がどのような影響を受けているのか、ということを観察しました。観察することによって、彼らは天と地を結びつけることができたのです。そして、それによって天と地の間に存在する、彼らの生き方を彼ら自身で決めることも可能にしたのでした。「ナイル河はシリウスが現れた時に氾濫《はんらん》する。そして肥えた土地を残す」エジプトにはこんな言い伝えが残っていると聞きます。こうして、彼らは天と地は偉大な叡智《えいち》によって動いているのだということを知り、それを法則として認識するようになっていきました。彼らは発見した法則を学問として体系づけてゆきました。そして、その法則の中に、学問の中に彼らは再び神を見出したのです。

次に地上に栄えたギリシャ・ローマ文化を築いた人々は、彼らが一度は見失った神性を、芸術の中に再び見出しました。彼らは自然に学ぶのではなく、神々の姿を大理石に刻みました。そして、そこに自らの精神を顕《あら》わしたのでした。芸術という形で、彼らは精神を物質の中に封印したのです。

さて、次に続く現在わたしたちが生きている文化の中では何が起きたのでしょうか。ゲルマン人とアングロサクソン人はさらに形に、物質に埋没《まいぼつ》していきました。彼らは宇宙の法則を発見しただけではなく、物質に働いているさまざまな法則を発見し、その法則を物質の中に顕《あら》わしたのです。つまり、重力、熱、蒸気、電気の法則を発見し、その法則の助けによって物質を造り直しました。これがわたしたちが築いた物質文明なのです。こうして、文明はかつてないほど物質に埋没し、物質界にもっとも深く下ったのです。

「インド人は物質的なものから目を逸らした。ペルシャ人は物質的なものを材料として認識した。カルディア人、バビロニア人、エジプト人は自然の英知を認識した。ギリシャ人とローマ人は内面からさらに物質界を征服していった。そして、わたしたちの人類文化にいたってはじめて人間は自然法則を物質界に組み入れた。そして、人間は再び精神的になるのである」(ルドルフ・シュタイナー講演録、第一巻「神智学の門前にて」西川隆範訳　イザラ書房刊)と、シュタイナーは言っています。人類はそれぞれの歩みの中で、どの時代にも独自の課題を担《にな》っていました。そしてそれぞれの課題は一つの流れに沿っていました。ひたすら一つの目標を目指して進化してきました。かつて人類は神々と共に在り、精神界と強く結びついていました。神々と交流し、それを神話や伝説の中に記しました。やがて人類は精神界から離れ、神々の世界を神話や伝説の中で思い出として生きるようになりまし。そしてさらに時代は下り、今、わたしたちは神々との繋《つな》がりをまったく失い、残された物は物質だけとなってしまったのです。こうして、わたしたちは物質の世界に法則を顕《あら》わすことによって、物質の世界を支配するまでになったのです。一つの能力、つまり物質を支配する力を得るために、他の一つの力、神々との交流を失わなければなりませんでした。

ルドルフ・シュタイナーは「神智学の門前にて」の中で、大変興味深いことを言っています。昔、人間は世界を今とはまったく違うように見ていた、と言うのです。シュタイナーはこんな例をあげています。—コペルニクスは地球が太陽の周りを回っていると考えた。プトレマイオスはそれ以前に太陽が地球の周りを回っていると考えた。二人の天文学者の考察はまったく異なる。しかし、どちらの考えも正しい—と言うのです。つまり、彼らの考察の違いは、彼らが太陽と地球を考察したその視点の違いだけなのだ、と言うのです。太陽を物質界からではなく、アストラル(感情体)界から見れば、昔の人々が考えていたように、太陽が地球の周りを回っているように見えたのだと言います。(皆さまには馴染《なじ》みの薄いことと思いますが、精神科学の見地からの考察によると、アストラル界ではすべてが物質界とは逆に見えると言います)これがプトレマイオスの考察です。また物質界から見ると、地球が太陽の周りを回っているように見えると言います。これがコペルニクスの考察なのです。しかし、コペルニクスはもう一つの動きをも考察していたと言います。それは、全体系が渦巻き状に絶えず動いているということです。しかし、シュタイナーはさらに言います…この考察は人類がもっともっと成熟する時までは明らかにされないだろう…と。

このことから、ルドルフ・シュタイナーは「絶対的な真理というものはない。どの真理も、ある決まった時代に使命をもっているのである。神智学についても、わたしたちが生まれ変わった時には、やや違ったことを聞き、まったく異なった方法で真理に立ち向かうことだろう」と言います。わたしたちが次に生まれ変わった時には、真理はまた今と違った、より高次の形で語られるであろう、とも言います。真理は他のものと同様、進化するのです。真理は神々の姿が形に顕《あらわ》れたものなのです。そして、神々は時と場所を変えて多くの形を持って顕れます。

わたしたちは真理の中に生きています。真理はさまざまな形を持っています。シュタイナーはこうも言っています。「わたしたちは、人に応じて真理を語るという義務がある。わたしたちは、他の人が立っている真理の段階で、その人を支える必要があるということを明らかにしておかなければならない。だれでも学ぶべき事を持っている。わたしたちはどのような真理の形に対しても、寛容でありたいものである。わたしたちは、すべてを理解することを学ぶ。わたしたちは人々と戦うのではなく、共に生きようと努力するのである。近代人は個人の自由を形成してきた。神智学はこの基本的な見方から、真理について、魂の内的な寛容さを作り出すのである」ルドルフ・シュタイナーはさらに続けます。「愛は意見よりも高次のものである。愛していれば、さまざまな意見と調和していくことができる。他の人と一緒に生きる、互いに理解し合う。これが人類の現在と未来のもっとも重要な課題のひとつである。この人間的な共同体の気分が実現しないかぎり、精神的な進化ということは話にならない」

人類の永い歴史の中でさまざまな存在が、わたしたち人間の「精神の進化」のために身を捧《ささ》げてくれました。仏陀《ぶっだ》は人間に慈悲の心をもたらしました。慈悲の心は人に心を寄せ、人の悲しみを自らの悲しみとし、人の苦しみを自らの苦しみとする心です。仏陀《ぶっだ》はその後に来るべきキリストの準備をしたのです。キリストは人類に自我をもたらし、それによって人類は「愛」に目覚めたのです。「愛」の認識を獲得することができたのです。なぜなら、今わたしたちが生きるこの地球期の、人間の課題は「愛を実現する」ことだからなのです。それはキリストによってもたらされました。わたしたちが全存在を賭《か》けて生まれ変わり、死に変わりして何生もかけて遂《と》げることは「精神的に進化する」ことです。そのために、わたしたちはその時代時代で果たさなければならない課題を与えられました。そして、この地球期で遂げる「精神の進化」とは、「愛を実現する」ことなのです。それは共に生きること、戦うのではなく理解すること、真理に対してさえも寛容であることによって実現されるのです。

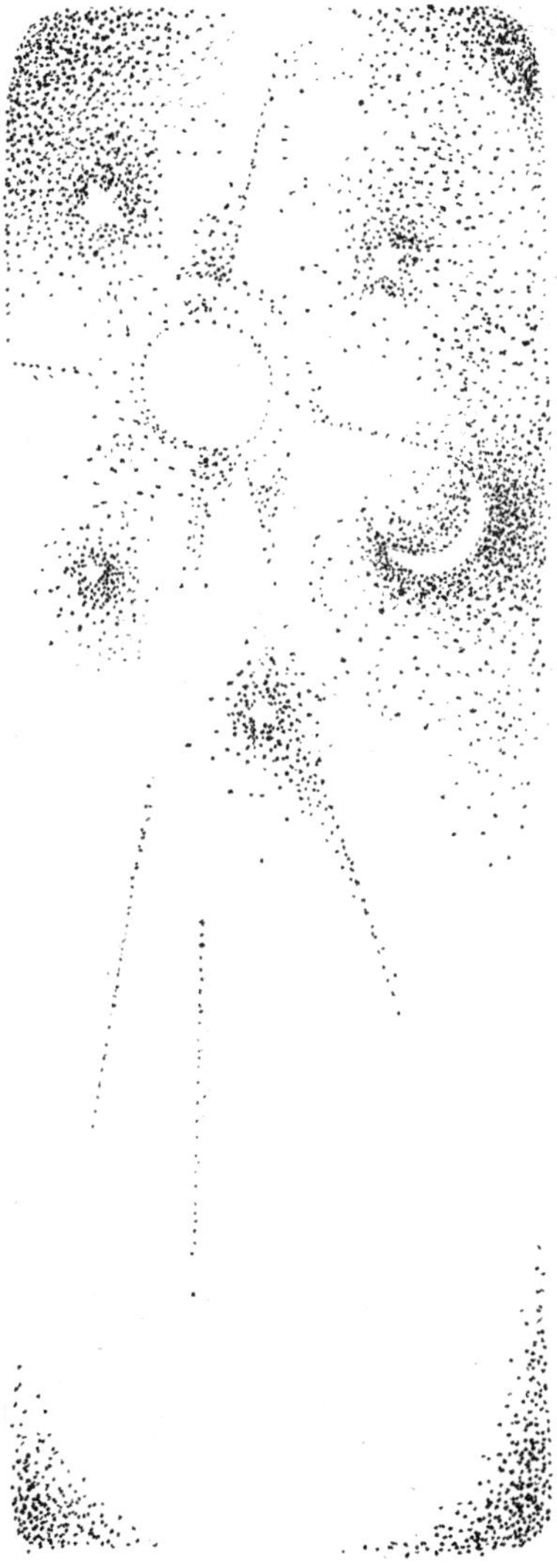

今月のテーマ

シュタイナー教育が目指すもの

**大村さんの次男、次郎君は、9歳の時に、
大村さんのシュタイナー・カレッジ留学と共に
サクラメントのシュタイナー学校に入りました。
次郎君の体験したシュタイナー教育を通して
大村さんが綴った「シュタイナー学校の卒業生像」です。
次郎君は今年から、ひびきの村へやってきました。**

■

サンフランシスコで暮らしている次男から電話がありました。明日から「シュタイナーいずみの学校」が冬休みに入るという、粉雪がちらついている朝でした。外はひどい寒気に包まれていましたが、わたしの気持は広々と晴れやかでした。10月から全力を尽くして仕事ができた感謝の気持でいっぱいでした。受話器から聞こえてくる次郎の声は心なしか緊張しているようでした。

「かあちゃん、次郎でーす。元気ですか?」「ああ、次郎くん。おはよう! わたしは元気よ。あなたは元気なの?」「うん、僕も元気」「どうしたの、こんなに朝早く」「重大な話があるんだ」「ええっ、それはまた、なあに?」「僕、今学期が終わったら、日本へ帰ろうと思うんだ」「急なのね」「夏、日本から帰って来てずーっと考えていたんだけどね」「もう決めたんだ?」「うん、9月に日本から帰ってきてから、翠《みどり》がもうアメリカにいる意味がないって言い出してね。日本に帰りたいって言い続けていたんだ」「そうなの」「今年の夏、僕たち『ひびきの村』で働いたでしょう。で、翠は『ひびきの村』で必要とされたこと

がすごく嬉しかったんだって』『わたしたちも助かったのよ。とっても感謝しているわ』「翠《みどり》は『ひびきの村』で暮らしたいんだよ」「そうかあ。で、あなたも一緒に帰って来ることにしたの？」「うーん、凄《すご》く悩んだ！」「……」「あんまり考えて、悩んで、生きていることが楽しく感じられないほどだったよ」「……」「アメリカは僕の故郷のようなもんだから……『ソダチコキョウ』だから」「『ソダチコキョウ』ってなあに？」「生まれた所じゃなくて、育った所だから『ソダチコキョウ』なんだよ」「あっ、そうか」「いつか日本には帰るかもしれないって思っていたけど、そうなってもまるっきり日本に住むっていうんじゃなくて、行ったり来りする生活になるかな、って思っていたんだけどね」「そうね、あなたはいつもそう言っていたわね』『今度翠が日本に帰っても、僕はこっちに残るということも考えたんだよ』『次郎はアメリカが好きだもんね。友達もいっぱいいるしね』「大学、アメリカ、翠……なにが僕にとって今一番大事なのかって考えて、考えて、考えて……大学で勉強を続けること、スターバックスで働くこと、アメリカで生活すること、ゴルフを続けること……なにが僕にとって大事なんだろうって」「みんな大事だもんね」「あんまり考えて、なにもかもしんどくなった。それほど考えたんだよ、3ヶ月間！」「そうだったの、大変だったわね」「それでね、3ヶ月考えてようやく分ったんだよ。今の僕には翠が大事だって』『そうなんだ。翠ちゃん喜んだでしょう？」「うん、とっても喜んでいるよ。僕も嬉しいんだよ、かあちゃん！」「良かったわね」「かあちゃんはこれでいい？」「いいわよ、あなたが考えて決めたことですもの」「でもさ、かあちゃんはずっと僕をサポートしてくれていたでしょう。だからやっぱり僕が大学やめるのいやだと思うかな、って気になったんだ」「急だから、少し驚いたけどね』『かあちゃんの意見、聞かせてくれる？」「あなたはもう決めたんでしょう？』『うん、でもかあちゃんの考えも聞きたいんだよ』『聞いてくれてありがとう。分かっていると思うけど今こっちは朝なのよ。あと10分したら家を出なきゃならないから、明日の朝電話するね。明日から学校お休みだから、その時ゆっくり話しましょう』『そうだね、朝だったね。

分っていたんだけど早く知らせた方が良いかなって思ったから。忙しい時にごめんね」「ううん、いいのよ。大丈夫！」「明日からもう冬休みなの？　かあちゃん頑張ったね」「うん、頑張った！　皆が助けてくれたからね、だからできたのよ。楽しかったわよ、とっても！」「それは良かった。じゃあ、また明日。気をつけて行っていらっしゃい」「さよなら、今日も良い日になりますように」『かあちゃんにとってもね』

学校へ向かう車の中で、わたしは次郎の言ったことばを心の中で繰《く》り返していました。……今の僕にとっていちばん大切なものは翠《みどり》なんだ……そうなの、次郎君。あなたにとっていちばん大事なものは、アメリカでも大学でもなかったのね。あんなに好きなゴルフでもなかったのね。翠ちゃんだったのね！　良かったね、気が付いて！　降りしきる雪がまるでカーテンのよう。その向こうに、有珠《うす》山のなだらかな尾根がうっすら見えます。

わたしは人を恋した遠い昔を思い出していました。

その日、急いで家に帰り、朝約束したように次郎に電話をしました。

「翠が日本に帰っても、僕はアメリカに残って勉強を続けようか、とも考えたんだよ。もし、今すごく興味があって、これが僕のすることだって確信を持つ打ちこめるものがあったら、もしかしたらこっちに残るって決めたかもしれない。でも、翠と別れて暮らして、翠に心細い思いや淋しい思いをさせて、勿論《もちろん》僕もだけど、それでも残って勉強しようと思うほどのものが大学にはないんだよ。興味のある学科はいくつかあるんだけどね、「国際関係」とか、「政治」とか「人間関係」とか。でも今はこれを専攻しようと思えるものがないんだよ。シュタイナー学校の友達、皆言ってるよ。「大学の勉強って本当につまらない」ってね。シュタイナー学校を卒業した先輩たちがいつも嘆《なげ》いているのを聞いていたけど、こんなに面白くないとは……。予想以上だった。皆よく続けていると思うよ。続けている人たちは興味を惹《ひ》かれるものに出会ったんだろうね。残念だけど僕はまだ出会わないんだ。大学へはまた行きたいと思っているよ。いちど社会に出ていろんな経験をしたら、今より視野が広くなるだろうし、興味を惹《ひ》かれることも沢山《たくさん》あるだろうと思うんだ。そうしたら、勉強したい、打ちこみたい、と思うものに出会う可能性も大きいだろうしね。そういうものに出会ったら本気で勉強できるだろうから。今は翠と一緒に帰る、日本に。

昨日、お兄ちゃんと話したんだけど、お兄ちゃんは「大学出てから日本に帰って来い、おまえは甘い」って言うんだよ。お兄ちゃんの言うことも分るけどね。お兄ちゃんはああいう気質だから、一度始めたことは最後までやり抜くことが大事だって考えているんだと思うよ。それにお兄ちゃんは、「日本に帰りたい」って言う翠に、僕が無理矢理押し切られたって思っているんじゃないかな。僕は自分の意志で決めたんだけどね。今は翠と一緒に日本へ帰って、翠と一緒にいることが僕にとって大切だと思うから帰るんだ。大学が嫌になったり、大学で勉強することがくだらない、無駄だと思っている訳じゃないんだよ、母ちゃんは分ってくれるよね？　今は、大学の外で生活して、自分の使命を見つけて、そして勉強したいと思えるものが見つかったら、また大学へ戻ろうと思っているんだから。本当に勉強したいものを見付けるために、今は止めようと思ったんだ。いいんだね？　かあちゃんは。

それに、僕はもう21歳なんだよ。かあちゃんにサポートしてもらっているなんて堪《た》えられないんだよ。これ以上サポートしてもらうのは心苦しいんだよ。日本だったら必要なだけ働けるけど、母ちゃんも知っているとおり、ここで僕は留学生だから働くことを制限されるからね。アメリカで勉強続けるとしたらどうしても母ちゃんにサポートしてもらわなくちゃならないから。今度大学に行くときには自分でお金を貯めて行くよ。それに、万一大学へ戻ることがなくっても、それはそれで良いと思う、僕は。僕は将来、学歴がなければできない仕事を選ぼうとは思っていないんだ。それに学歴で人を判断したり、学歴で人の価値を決めるような世界で生きようとは思っていないから。もし、どうしても学士の資格が必要な仕事に就《つ》くようなことがあったら、その時は取ろうと思うよ。僕は僕の人生を他の誰によってでもない、自分で決める生き方をしようと思うんだ」

わたしにはもう、何も言うことがありませんでした。自分にとって今、何がいちばん大切な事なのか、次郎は十分知っていました。それが他の人の意見と違っていても、他の人の目には間違った決断のように見えたとしても、彼は自分の判断に強い確信をもっていました。だれにも左右されない揺《ゆる》ぎない確信を持っているのでした。

次郎は翠《みどり》ちゃんを愛している自分の心を感じていました。人に対する強くて深い愛を感じていました。そして、その愛に生きることの意味を考えていました。それに殉《じゅん》ずることの意味を分っていました。そうすることでどんな生活が待っているか、そうすることを人がどのように評価するか、人にどんな批判を浴びるか、それも考えたことでしょう。それでも彼は決めたのです。世間の多くの人が評価しない道を、世の中の多くの人が避けて通る道を、自分の意志でそれを生きることを選びました。そして決めたことを実行しようと今、準備を始めたのでした。世界を自分の心で感じて、それを自分の頭で考えて、自分の身体を使ってそれを行為する。次郎は必要なことを、必要な時に、必要なようにできる人間に成長していたのでした。彼が受けた教育は、彼の内にそのような力を育ててくれたのでした。彼の内には、生きるためのもっとも大切な基本的な力が具《そな》えられていたのでした。

次郎はもう自分の力で十分生きていけると、わたしは強く確信しました。わたしが心配することは何もありませんでした。次郎がこれから歩んでゆくであろう長い道のりには、大きな困難が横たわっているかもしれません。嘆《なげ》き悲しむこともあるでしょう。けれど、彼ならそれを乗り越えられる、そして乗り越えたことによって大きく成長するに違いないという揺《ゆ》るぎない信頼が、わたしの内にありました。そう、次郎も言っていました。「僕はなにも心配していない。どんな所にいても、どんな人といても、どんなことがあっても、僕は不安を感じないんだよ。世界を信頼できるんだよ。勿論《もちろん》、世の中には信頼できない人もいるよ、尊敬できない人もいるよ。でも、今、自分はこの人といることが必要なんだ、この人と仕事をすることが必要なんだと考えることができるんだよ。そして、ぼくをそういう状況に導いたぼくの運命を信頼できるんだよ。こんな状況を選んでしまって取り返しがつかないことになるんじゃないか、こんな選択をしてしまって後悔するんじゃないか、って心配することもないんだ。もし、思いがけない展開になって苦しむことがあっても、自分が選んだんだから、必要があって選んだんだから、って思えるんだよ。

今までも、ハイディーのことやアービーのことで苦しんだことがあったけど、自分が感じたことを大事にしたかったから、だから一生懸命自分で考えたし、そして自分で選んだからね。全然後悔しなかった。すっごく苦しかったけど！　かあちゃんに言われたことも覚えているよ。アービーに夢中になって、毎日彼女と一緒にいてちっとも勉強しなかった時、「自分で分っているとは思うけど、2年生の今の成績が大学を決める大きな要素になるってこと、知ってるわよね。今までの成績だったらあなたの希望している大学に行けるのよ。でも、アービーとお付き合いを始めてからあなた殆《ほとん》ど勉強していないから、どんどん評価が下がっているわよねえ。このままじゃあ、あなたが希望していた大学に入れない可能性の方が高くなったわ。わたしは良いのよ、わたしが大学に入って勉強するんじゃないからね。でも、あなたが後悔するようなことになるかなって、ちょっと思ったの。分っていてそうしているのならいいんだけど、もしかして気が付いていないのかなとも思ったもんだから」って、かあちゃん言ったよね。分ってるよ、かあちゃん。アービーと一緒にいる時間を作るために全然勉強していないことも、だから成績が下がっていることも分かっているよ。でも、僕には今、アービーといることが大切なんだ。アービーからいろんなことを教えてもらっている。彼女の家庭は複雑で、小さい時から苦労していて、だから大切なことが分っているんだよ。毎日毎日、話して、同じことをいっぱい一緒に体験して、いっぱいいっぱい考えている」……僕、そう答えたね。

わたしは次郎とアメリカに渡った当時のことを思い出していました。わたしはわたしの使命を知るために、そして人生を完成させるために、ルドルフ・シュタイナーの思想を本格的に学びたいと考えていました。わたしは42歳でした。精神的にも経済的にも十分自立しているという自負がありました。この機会を逃してはならないと思いました。そしてシュタイナーの思想を学び、それをわたしの生きる力とするためには、彼の思想を生きている人々と共に暮らすことが必要だと確信しました。アメリカのサクラメントにシュタイナーの思想を学ぶカレッジがあることを聞き、一九八七年の春にはカレッジを訪れて入学のための面接を受け、入学を許可されたのでした。

17歳になっていた長男は自分の意志で日本に残ることを選びました。次男の次郎には選択する力はありませんでした。彼にはこの機会に是非、シュタイナー教育を受けさせたいとわたしは強く望みました。彼はその時9歳でした。次郎をシュタイナー学校で学ばせることにはまったく迷いはありませんでした。シュタイナー教育そのものに対しては全面的に信頼していました。けれど、彼をアメリカに連れて行くことには迷いがありました。生まれた場所を離れること、日本とは異なる文化の中で、異なる文化を背景に持った教育を受けること、母親以外の家族と離れること、次郎を大切に思ってくれている沢山の人たちと離れること等など……さまざまな困難を伴った決断でした。それは幼い彼が決めることではありませんでした。わたしの下した決断でした。そして、アメリカのシュタイナー学校で学んだことで、次郎は実に多くの恵みを受けました。けれど、それ故に失ったものも多くありました。人間はひとつを選んだ時、それ以外のすべてのものを失うものなのですね。わたしが次郎のために選んだ「たったひとつのこと」、すなわちアメリカのシュタイナー学校で学ぶことは他のすべてを失っても、彼にとってどうしても必要なことだったとわたしは確信するのです。それが生まれる前に決めてきた、彼の運命だとわたしには思えたのでした。

外国に生まれ暮らすわたしの友人の中に「日本に自分の子どもを連れて来たい」「子どもに日本を体験させたい」と強く望んでいる人が少なからずいます。

昨年、ニューヨーク州から「ひびきの村」にやって来たレオポルド夫妻もそういう人たちです。「あなたがたはなぜ、今までまったく縁がなかった日本で暮らそうと考えたの？」と聞くと、「末の息子のニコラスを見ていると、どうしても彼の運命は東洋の、しかも日本に深く関わっているとしか思えないの。それだったら若い時に、彼が彼の運命に触れる機会を作ってあげたい、そう思ったのよ。勿論《もちろん》、『ひびきの村』という生まれたばかりのコミュニティーを助けたいという強い思いもあったわ。けれど、ニコラスがまだ若い時に、彼自身の運命を垣間《かいま》見ることができるために、それを手助けしてあげたい、というのが一番の目的なのよ」と答えました。

彼らは自分の子どもたちの運命が東洋に深く関わっている、と洞察《どうさつ》しているのです。多くの親が子どもたちに、どんな教育を受けさせたらよいか、どんな学校が相応《ふさわ》しいか、と悩み考えあぐねている時、彼らは彼らの子どもたちが、どのような運命を選んで生まれてきたのか、どんな使命を持って生まれてきたのか、それはどこで、どのようなかたちで遂げられるのか、と考えているのです。そして、彼らの子どもたちが自ら選んだ使命を遂げるために、その手助けをしたいと考えているのです。彼らは実に広い広い視野で子どもの教育を、子ども自身が選んできた運命を、また子どもが担っている使命を洞察《どうさつ》しようと試みています。子どもが進んで行くであろうその道を見極めて、今、子どもの背を押してあげたいと望んでいるのです。なんと大きな展望に立った子育てをしているのでしょう。世界にはもうすでに、このように大きく、広く、深く、子どもの精神性を大切にした視野で、教育を考える親が出てきたのですね。

さて、次郎が日本に帰って来ると決めてから、次郎とわたしは、彼が日本に帰ってなにをするか、どこに住むか、さまざまなことを決めるために、たびたび電話で会話を続けました。

「かあちゃん、元気で新年を迎えましたか？　あけましておめでとうございます」「おめでとう。あなたがアメリカで迎える新年も今年が最後ね。そして、今年は次郎にとって、まったく未知の新しい道を歩き始める記念すべき年になるのね」「うーん、そうだね。楽しみだねえ」「本当に楽しみね。翠《みどり》ちゃんと二人で『ひびきの村』に来て仕事をしようって考えているの？」「勿論、考えているよ。子どもができたら絶対シュタイナー学校に入れたいからね。それに子どもは良い環境で育てたいし、ぼくたちも自然のいっぱいある所で暮らしたいし。そう考えたら、今の日本では『ひびきの村』しかないでしょう？」「そうね、同じ思いを持って、家族揃って『ひびきの村』に移住してくることを考えている人がいっぱいいるのよ。『ひびきの村』のシュタイナー学校も今は生徒が二人だけだけど、何年かしたらきっと増えると思うわ。まるで、目に見えるようよ！」「そうだろうねえ、シュタイナー教育を必要としている子どもは大勢いるだろうねえ。シュタイナー学校で勉強したら、子どもたちは幸せだと思うよ。ぼくはシュタイナー学校に行って、僕自身が花開いたように感じたもの。子ども心にもそのことは強く感じたんだよ」「わたし覚えているわ。シュタイナー学校で勉強するようになって一年経った頃だったかしら？　あなた言ったものね『僕、ここへ来てから花開いたみたい！』って。5年生の子どもがそんなこと分るんだ、ってわたしとっても感動したのよ。よーく覚えているわ、その時のこと」「僕、日本の学校ではとっても苦しかったんだ」「あなたはどんなことにもこだわらずに、ノンビリと、のびのびしていたように見えてたけどねえ」「だから大変だったんだよ。皆と違ってる、って思われてたからね。先生が僕のこととっても嫌がってたみたい」「そうね、担任の先生にはなかなか分ってもらえなかったわね。わたしも随分話したんだけど」「かあちゃん自身が皆と違ってるんだからしょうがないよ。そんなかあちゃんに育てられていたんだから、僕も違っていたんでしょう。まっ、ともかく僕はシュタイナー学校に行けて本当に良かった！　かあちゃんのお陰だよ。ありがとう」「あなたがシュタイナー学校に行くために、お父さんも助けてくれたのよ」「知ってるよ。感謝してるよ」「ねえ、シュタイナー学校に行って何が良かった？」「僕たちのクラス、ポイントレイズ（サンフランシスコの北にある太平洋に面した半島）でキャンプしたことあったでしょう。僕が7年生の夏かな。あの時、朝目が覚めてテントから出たら、テントが露《つゆ》で真っ白だったんだよ。前の晩遅くまで外で皆と話していたけど、その時は夜露が下りているなんてこと、ぜんぜん感じなかったんだ。でも、一晩眠って外へ出て見ると、夜露が下りてテントは真っ白になっているし、砂浜も夜露を吸って黒くなっていたよ。木の枝に架《か》けておいたジャケットも濡《ぬ》れて重くなっていた。シュタイナー教育も夜露みたいなものかな。それを受けていた時はなんだかさっぱり分らなかったけどね。良いんだか、悪いんだか。いや、他とは違う教育を受けているってことすら気が付かなかったね。でもシュタイナー学校というテントを出て、そしてテントを見たら、夜露を受けていたということを知ったんだよ。そしてその夜露が白くて、陽に当たるときらきら輝いてとっても美しいということもはじめて分ったんだ。かあちゃんも言っていたでしょう？『教育っていう仕事は結果を見ることを期待してはいけないんだ』って。『わたしから学んだことがどれほど子どもの力になったか、どれほど世の中のために力になったか、わたしが生きている間に分らないと思う。それはわたしから学んだ子どもたちの生き方によって分るものだから。その生き方だって、世間で言う成功とか失敗とかで判断できる単純なものではないしね』って。僕にもまだ分らないよ、シュタイナー教育を受けてなにが良かったか、なんて。テントに下りていた夜露を見て、『ああ、夜露が降りていたんだ』って思った程度にしかね。でも、前にも言ったけどね、かあちゃん。シュタイナー学校で受けた教育が、僕の核になっているってことだけは確信しているよ。その核がこれから膨《ふく》らんで、そして広がっていく、っていうことも予感してるよ。僕はシュタイナー教育を受けさせてもらって本当に感謝しているよ。それだけは心から言えるよ、かあちゃん」

万感が迫って言葉を失ってしまったわたしに、次郎はクラスメートの話を始めました。「かあちゃん、ニッキーにガールフレンドができたんだって！」「へえー、そうなんだ。良かったわねえ」「僕、先週、サクラメントに行ったんだよ。で、ニッキーのとうちゃんに会ったらそう言ってた」「トム(ニッキーの父親)元気だった?」「うん、前より痩《や》せたようだったけど元気そうだったよ」「良かったわね。インゲンと別れた当時は元気なかったけど…」「うん、今、新しいガールフレンドと暮らしているんだって。その人と一緒に試合見に来ていたんだよ。その直ぐ傍《そば》にインゲンがいてね。そういうの、はじめは変だと思っていたけど12年もアメリカにいる間に馴れたよ。彼女とも話したよ。かあちゃんに宜《よろ》しくって」「ありがとう。バスケットの試合があったのね。翠ちゃんも一緒に行ったんでしょう?」「うん。毎年、クリスマス休暇には卒業生と現役のプレーヤーの試合があるの、覚えてる?」「勿論覚えているわ。卒業生に会えるんで、親のわたしたちまで楽しみにして試合見に行ったものね。あなたも試合に出たの?」「うん、随分長い間プレイしていなかったから最初はきつかった!」「そうでしょうねえ。現役の頃に比べたら随分体重が増えたしね、(笑い)。楽しかったでしょう?」「うん、面白かったよ。お兄ちゃんに似ているから、って、かあちゃんが大ファンだった2年先輩のジェフも来ていたよ」「懐《なつ》かしいなあ。彼、モロッコに行ってたんじゃなかったっけ?」「うん、ジェフとあの仲良し3人組でね」「カイとロスだったわよね」「うん、3人で地中海沿岸の旅をして、それからカイロ大学で半年勉強したんだって。どうだった?、って聞いたら、『自分たちの常識じゃあまったく考えられないことが多くて、毎日驚いてばっかり! そりゃあ面白かったよ!』って言ってたよ。シュタイナー学校では4年生の『世界史』で、地中海文明を勉強するでしょう。ジェフたちはその時から『地中海沿岸を歩いて旅したい』ってずーっと思っていたんだそうだよ。3人でいつか行こうって決めていたんだって」「すごいのね! 4年生の時から思っていたなんて!」「だって、パトリック先生の授業すごかったじゃない! 地中海に降り注ぐぎらぎらした太陽や、乾いた白い丘、とげとげのあるオリーブの枝と、たわわに成った青い実、富と権力を求めて行き交う船と人……どんなに胸が躍ったことか! まるで目の前に地中海が広がっているみたいだったよ。船のマストがぎしぎしと音をたてて揺れ、大きな羽のような帆がばさっ、ばさっと音をたて、波がはげしく船《せん》端《たん》を叩き、飛沫《ひまつ》があがり……こんな授業を受けながら、シュタイナー学校の子どもたちは世界に目を向けてゆくんだよ。期待と信頼と希望を持って、ね！　世界は愛に満ちて、美しくて、信頼できるものなんだ、って！　僕は今でもそう思ってる」「こんなに酷《ひど》いことが毎日起きている世の中を見ていて、それでもあなたは世界に希望が持てるの？」『なに言ってるの、かあちゃん！　あなたもシュタイナー学校の先生でしょう。あなたは世界を信頼するに足る場所だと確信しているんじゃないの？　人を心から愛しているでしょう？　明日は今日よりもっと良い日になる、って希望を持って生きているんじゃないの？　それを、あなたの子どもたちに伝えているんでしょう？」」「ええ、そうよ。でもね、時々あんまり酷《ひど》いことが続くと、わたしは世界を信頼しているけど、こんなことを毎日見聞きしていて、子どもたちは大丈夫かしら？　こんな世界を信頼できる所だと思えるかしら？　って心配になるの」「大丈夫だよ！　かあちゃん、あなたが心から世界を信頼していたら、子どもたちも信頼するよ。あなたが人を心から愛していたら、子どもたちも愛するようになるよ。あなたが未来に希望を持っていたら、子どもたちも希望を持てるに決まっているよ」「そうね、大丈夫よね」「かあちゃん、僕たちのクラスでした、かあちゃんの授業は、パトリック先生と同じくらい素晴らしかったよ。僕と友達はみんなかあちゃんを愛しているよ、そして尊敬しているんだよ、今でも。『年をとって自分の人生を振り返った時、わたしたちはミセス・オオムラを心から尊敬する人として思い出すにちがいありません』って、卒業式にジェナが言っていたの、覚えている？　自信持って、かあちゃん！　あなたは子どもたちに授業を通して、あなたの世界観を伝えているんでしょう？　そして、あなたの世界観はシュタイナーの思想を基にして、あなた自身が築き上げたものなんでしょう？　あなたの世界観は子どもたちに生きる力を与えることができるって、あなたは確信しているんでしょう？」『そうよ、その通りよ』『だったらなにも心配することないと思うよ』『そうよね。大丈夫よね」「そうそう、ニッキーのことを話していたんだっけ！」「ニッキーは元気なのかしら？　彼のガールフレンド見てみたいな」「彼、ディズニーワールドの中にあるレストランでアルバイトしながら大学へ通っているって」「日本に帰って来る前にあなた、フロリダに行けないの？　彼もきっとあなたに会いたいでしょうに」「それも考えたんだけどね、彼も僕もまだ目標が見えてないし、とりあえず目の前にある道を歩いてみよう、っていう段階だから。今は分かち合えることがあんまり無いんだよ。勿論《もちろん》、会いたいよ。会って話したいことはいっぱいあるよ。でも、そう思ったから今度は会わずに帰ることにした」「お母さんのアルコール依存症は良くなったのかしらね」「あんまり良くないみたい。クリスマス前に電話で話した時にはそう言っていた。入院しているんだって」「お母さんのご両親の傍《そば》で暮らしたら、良くなるんじゃないか、ってニッキーが付き添ってフロリダに移って行ったのにねえ。ニッキーがお母さんをフロリダに連れて行くって聞いた時は驚いたわ」「そお？　僕はニッキーらしいな、彼ならそうするだろうな、って思ったから驚かなかったよ」「そうね、本当にニッキーらしいわね。離婚して一人で暮らしているお母さんがアルコール依存症で苦しんでいるって知った時、ニッキーは直ぐお母さんのアパートに移って行ったものね。お父さんと、お父さんの新しいパートナーと、弟と、新しい妹と弟と、わたしたちには分らない苦労はいろいろあったでしょうけど、落ち着いて楽しそうに暮らしていたのにね」「ニッキーはなにが大事なことか、って分るからね。あの時は、お母さんが立ち直るための手助けをすることが彼にとって一番大事なことだって思ったんでしょう。お母さんは一人で暮らしていたんでは良くならないだろうから、って言ってね。『淋しいからお酒を飲んでいるんだよ。だから一緒に暮らしてあげたいんだ。僕が傍《そば》にいたら飲まなくなると思う』って。でも、良くならなかった。ニッキーがお母さんのアパートに移った時はすごく喜んで、飲むの止めたんだけどね。しばらくしたらまた、飲み始めたんだ」「それで、お母さんのご両親に相談して、ご両親が住んでいるフロリダに移ることに決めたのね。

父母会やフェスティヴァルで会った時、わたしよく彼女と話をしたんだけど。お母さんはご両親をとても愛していて、懐《なつ》かしがっていて、「傍で暮らしたいんだけど、フロリダに行ってしまったら子どもたちに会えなくなるから、ここにいるんです」って言ってたわ。一週間に一回、ニッキーとアンディー（ニッキーの弟）に会うことだけを楽しみにして、サクラメントで暮らしていたのね」「ニッキーが『さよなら』を言いに来てくれた時のこと覚えてる？」「ええ、覚えているわ、朝早かったわねえ。ボルボにいっぱい荷物を積んで」「あのボロボロの車を200ドルで手に入れて、自分ですっかり修理したんだよ。色も剥《は》げていたんで僕も手伝って塗り直したんだ」「そうだったわね。ニッキーは働き者だったわね。月謝だって足りない分は自分で働いたじゃない！」「お父さんはあんなに金持ちなのに。それがお父さんの生き方なんだろうね。家計費はすべて一年間の計画をたてて、子どもの教育費も決めて、働けない小さいうちは勿論親が負担するけど、子どもが働ける年齢になったらもう親は全額負担しない、って言うんだよ！　働くのが嫌なら公立の学校へ行けばいい、もし、シュタイナー学校で勉強し続けたいのなら、月謝の足りない分は自分で働きなさい、だって！　すごいねえ」「それで弟のアンディーは公立の学校に転校したのね、幼稚園から通っていたのに」「ニッキーはシュタイナー学校が大好きだったから、学校の経理の人に相談して、掃除の仕事をもらって放課後と週末に働いたんだよ。シュタイナー学校の月謝は高いから、それでも足りなくて、それで卒業してから一年間その仕事を続けていたんだ」「ニッキーと一緒に遊ぶために、あなたもよく手伝っていたわね」「だって、彼の仕事が終わらなかったらなんにも一緒にはできないんだもん。でも、二人で働くの楽しかったよ。歌ったり、冗談言ったり、時々は女の子の話なんかしてね」「卒業した次の年の3月に、借りたお金を全部返し終えて、フロリダに移っていったのね。お母さんが良くなったら、『あなたの好きな演劇の道に、是非進んでね。そして必ず日本にきてね。いつかあなたの主演映画のプレミアショーを日本でしてね。その時はアカデミ見に行くからね』って言ったら、『その時はアカデミー賞も獲って行くから』って言ってたわ」「うん、覚えているよ、彼がそう言ったの。彼の演技をもう一度見たいなあ。彼、本当に演技の才能があるね」「彼の演技はいつでも見事だったわ。アガサクリスティーの劇をしたことあったでしょう？　なんだったけ？」「タイトルは忘れたなあ」「彼、主役の探偵を演じたんだったわね。ドイツ語訛《なま》りのセリフがすごくおかしくて、大受けしてたわね。かつらをつけた次郎の裁判長もおかしかった。だって、かつらは白いのに、眉毛《まゆげ》がそのまんまの真っ黒けだったんだもの！」「かあちゃんが一番笑ってたんじゃない？　舞台まで聞こえたよ」「あんまりおかしくて、劇が中断しちゃったのね」「そうだよ。音楽も、ライトも止まっちゃうんだもん、ひどいもんだ！」「その時も、ニッキーがアドリブでおかしなこと言って、またまた大笑いだったわ」「懐かしいねえ」「そう、わたしはあなたのお陰でたくさんの楽しみと大切なことを経験させてもらったわ。お兄ちゃんが『自由の森学園』に通っていた時もそうだった。わたしはあなたたち二人の息子のお陰で三人分の人生を生きてきたような気がするわ。いいえ、ニッキーのような友達の分の人生も」「かあちゃん泣いてたね、ニッキーに『さよなら』を言った時」「だって、息子のように思っていたのよ、ニッキーを。もう、いつ会えるか分らないと思ったら、悲しくて悲しくて」「僕は誇りに思うよ、彼の親友である自分を誇りに思うよ」「良かったわねえ、そんな人に巡《めぐ》り会えて。わたしはニッキーを誇りに思っているけど、あなたは彼の親友である自分を誇りに思っているのね。わたしの思い方とは随分違うんだと思うわ。もっともっと深くて、強くて、本質的で……。そういうあなたを、またわたしは誇りに思うのよ。ニッキーのような人を親友に持ち、その親友である自分自身を誇りに思っているあなたを、わたしは誇りに思うわ」

ニッキーもまた、お母さんの苦しみや悲しみを、彼自身の心で感じ、彼の苦しみ、悲しみとしたのでした。お母さんの困難がどうしてもたらされたのか、どうしたら癒《いや》されるのか、彼は深く考えたのでした。そして癒されるためにはなにが必要なのか、自分はなにができるのか考え、それを行為したのでした。

彼もまた、自分自身より他者を大切にする生き方ができる人間として成長していたのでした。それは彼の持って生まれた資質に依るものでしょう。彼の育った環境の力も大いに与《あず》かっていると思います。それでも、わたしは彼が受けたシュタイナー教育の力が、彼に真に精神的な生き方を選ばせたのだと確信するのです。

次郎とわたしの会話は、彼がシュタイナー学校でした数知れぬ体験に及びました。それはわたしの体験でもありました。わたしは20数年前にシュタイナー教育に出会いました。その時「子どもに戻ってこんな教育を受けたい。シュタイナー教育をわたしが受けたかった」と臍《ほぞ》を噛《か》む思いをしました。それから十数年が経ち、わたしの次男の次郎はシュタイナー学校で学ぶ幸運を得ました。そして、4年生から12年生までの9年間を、彼はルドルフ・シュタイナーの思想を生きている先生方が、全身全霊を以って行っているシュタイナー教育を受けることができました。その間、わたしも次郎と一緒に母親としてシュタイナー教育を体験させてもらいました。サクラメントで暮していた11年間の間には、わたし自身がシュタイナー学校教師として体験したことも多くあります。が、シュタイナー学校で学んだ一人の男の子の母親として体験したシュタイナー教育もまた、わたしにたくさんの大切なことを学ばせてくれました。

わたしはシュタイナー教育とは「世界を自分の心で感じ、自分の頭で考え、そして自分の手足を使って行為する、そのように生きることができる人を育てる教育」だと考えています。ここに書き綴《つづ》ったものは、シュタイナー教育を受けて、そのように生きようとしている若者の姿です。次郎はわたしの最も身近にいて、いつも、そしていつまでもシュタイナー教育が『目指すもの』を示してくれる存在であり続けることでしょう。皆さまはもう十分お分かりのことと思いますが、彼は特別に秀《ひい》でた才能を持ってはいません。優秀だと人に称えられることはありません。人より抜きん出ているものを持ってはいません。それでも、彼は揺《ゆ》るぎない自信を持ち、確《かく》たる考えを持ち、悠々《ゆうゆう》と生きているのです。彼は目を見開いて世界で起きていることをよく見、耳を澄ましてよく聞き、味わい、感じています。体験や知識に頼らず、先入観や思いこみに邪魔されず、思い出や想像に耽《ひた》ることなく、自分の身体で知覚し、心で感じ、頭で考えています。だから何が大切で、なにが大切ではないか、が分るのでしょう。本質と非本質の区別が見極められるのですね。その時人は、どこにいても、誰といても、なにをしていても、幸せでいられるのだと思います。

次郎と暮らし、彼を見ていてわたしはそう考えるようになりました。そして、ニッキーを見ていてそれが揺るぎない確信となりました。シュタイナー学校の子どもたち、そして卒業生はどの子も、どの子も、一人ひとりの姿が、生き方が、シュタイナー教育が目指しているものを顕《あら》わしているのです。

サクラメント・ウォルドルフ・スクール

シュタイナーの十二感覚論

「人間と自然とを繋《つな》ぐ味覚」「おいしい」「おいしくない」……それだけ？

日本人は世界でも最も食べることに貪欲な国民といわれています。人間は何のために食物を口にしているのか、という視点から、感情の領域にある「味覚」について学びましょう。

「味覚」

わたしたちは1、2、3、4号で、人間の最も内部に在る四つの感覚である「触覚《しょっかく》」「生命感覚」「平《へい》衡《こう》感覚」「運動感覚」を学びました。それらはわたしたちの身体の在り方に深く関わり、それ故にわたしたちの意志に強く働きかけるということを認識しました。5号では、感情の領域である四つの感覚、すなわち「嗅覚《きゅうかく》」「味覚」「熱感覚」「視覚」のうちの「嗅覚」を学びました。いかがでしたか、「嗅覚」が『わたしたちに事の善悪を判断させる力を持っている』というルドルフ・シュタイナーの洞察《どうさつ》を、あなたの認識にすることができたでしょうか。「そんなこと生まれてはじめて聞いたわ。本当に驚いた！」「こんな奇想天外な考え方をすぐ受け入れるわけにいかないわ。ましてわたし自身の認識にするなんて……」とお考えでしょうか。もしそうお考えでしたら、どうぞそのまま疑問を持ち続けてくださったら良いと思います。それが本当にあなたの認識になるまで、ご自分で経験し、それを心で深く感じ、ご自分の頭でしっかり考え、そうして一つずつ確かめていかれたら良いと思います。先号の「おたより」の欄にありました東京都の柿崎かほるさんのように、ご自分の認識とされるまで何度も読み返し、それを実際に経験なさる度に深く考える……という作業を続けておられましたら、いつか必ずあなたの認識になることでしょう。そして、その時はじめてその認識があなたの生きる力となり、わたしたちの生きる目標である「精神の進化」を促す力となるに違いありません。

また、愛媛県の高石亜紀さんは、「大村さんのシュタイナー的見方から、自分自身でシュタイナー思想を見る眼を持たなければならないと思います」と書いていらっしゃいました。すごいなあー、と思います。人が考えたこと、人から聞いたこと、人が書いたことを鵜呑《うの》みにせず、こうして忍耐強く、根気良く毎日学び、少しずつでも実践を続けていくことで、わたしたちは真理を認識することができるようになるのですね。皆さまが地道に努力を重ねていらっしゃることを本当に嬉《うれ》しく思います。

こんなふうに書くと、「わたしは全然努力してないなあ」「忙しくてブックレットを読み通すことすらできないわ」「読んでも、実際にやってみる気が起きないんですもの……」「それにどうやって良いか分からなくて……」と落胆したり、自信を失ったり、落ち込んでしまう方がいらっしゃるかもしれません。それでも良いんですよ。たとえ今はそうであっても、どうぞがっかりなさらないでください。ましてや決してご自分を責めるようなことはなさらないでください。たとえ今実践できなくても、読んだことは必ずあなたの内に残っています。知ったことはあなたの意識に留まっています。そして必要な時には必ずあなたに実践することを促し、あなたの力になります。それだけしかできない時にはただ読むだけでも、聞くだけでも良いのです。どうぞ諦《あきら》めず、共に築いたこの輪の中に留まっていてくださいね。

さて、今日皆さまとご一緒に学ぶ「味覚」は、わたしたちにとって大変身近な感覚ですね。「日本人ほど『食』に対して関心が深い民族を他に知らない」と、日本に長く暮らしているアメリカ人のジャーナリストが、書いていた記事を読んだことがあります。本当にわたしたちが「食べる」ことに費やす多くの時間とエネルギーは世界に類を見ないと、わたしも常々考えていました。テレビ番組をはじめとし、雑誌、新聞、書籍……外国人に指摘されるまでもなく、わたしたち日本人が『食』にかける情熱、関心の深さは他に類を見ないのではないでしょうか。大勢のレポーターが、日本どころか世界のさまざまな所に出かけて行って美味しいといわれるもの、珍味とされるものを漁《あさ》り、食し、感嘆し、紹介する番組、素人が得意な料理を紹介する番組、タレントの腕自慢、果ては名人と呼ばれる料理人たちにその腕を競わせる番組……毎日、毎時間どこかのテレビ局で料理番組を放映している観があります。以前から日本の食文化は相当高い（質が良いということとは違います）と考えてはいましたが、一年半前に11年ぶりに日本へ帰って来てから見聞きする同朋《どうほう》の食に対する関心の高さに、ほとほと感嘆しています。かく言うわたしも料理することは大好きで、有効な気分転換の一つになっているのですが……。

けれど、「人間はなんのために食物を口にしているのか」、という根源的な問いに帰る時、わたしを含めてわたしたち日本人の「食」に対する考え方、態度……さらなる美味を求める、食に美を追求する……これで良いのだろうか、という疑問をわたしは常に抱えていました。今日は「味覚」について学びながら、わたしたちの「食」に対する考え方と態度をも同時に考えたいと思います。

……「味がある人」「味わい深い」「味なことを言う」「一味足りない」「味も素っ気もない」「味気ない」「味のわからない人」「持ち味」「味加減」「後味が悪い」「無味乾燥」「辛口の評論」「あの人は甘い」「良薬は口に苦し」「酸いも甘いもかみ分ける」「口をすっぱくして言う」「甘いマスク」「渋い人」「ほろ苦い思いで」「初恋の味は甘酸っぱい」「美味しい話」「美味しいところだけを取る」「持ち味」「切れ味が良い」「情味がある」「妙味の分る人」「醍醐味《だいごみ》を味わった」「苦渋を舐《な》める」「貧苦を嘗《な》める」「苦杯を喫《きっ》する」「煮え湯を飲まされる」「小気味よい」…

国語辞典にある「味」に関する表現を拾ってみました。こんなにたくさんあるんですよ。日常生活では馴染《なじ》みのない表現はまだまだあります。これをお読みになって、なにか気が付かれたことがあるでしょうか。そうですね、これらの表現の殆《ほとん》どが、感情の領域（印象も含めて）に関わるものだということがお分かりになったと思います。感情はその人固有のものです。わたしの感情はわたし一人のものです。友人と一緒にテレビ番組を見ていても、友人が感動した場面でわたしも同じように感動するとは限りません。たとえ二人が共に感動したとしても、二人の感動の質はそれぞれ違うでしょう。それと同じように、食物を口にした時に知覚する「味覚」も人によって異なります。それで、わたしたちはさまざまな感情を「味覚」を使って表現しようとしているのですね。クラス会で出されたケーキを、「とっても甘い！」と食べたすべての人が感じたとしても、それぞれが知覚した甘さは違いますね。わたしたちはどんなことがあっても（人間が今のような在り方を続ける限り）永遠に、友人が、家人が、我が子が、両親が、兄弟姉妹が知覚した味を、わたしが知覚することはできないのです。また、わたしが昨日と同じ物を今日食べたとしても、昨日知覚した味と、今日知覚した味を違うと感じることもあります。それはわたしの身体の調子の良し悪しによることもあるでしょうし、気分の違いも影響するでしょう。一緒に食べている人によっても違うかもしれません。食卓に並べられた他の食べ物によっても違うかもしれません。豪奢《ごうしゃ》なレストランで、ハンサムなボーイさんにお給仕を受けながら静かな雰囲気の中で食事をする時と、家で食事をする時とでは、同じ物を食べたとしてもあなたの味わう味はきっと違うと思います。人のお皿にまで手を伸ばし、喧嘩《けんか》しながらにぎやかに食べる腕白盛りの男の子が3人、固いものや脂《あぶら》っこいものが食べられないと嘆きながらぼそぼそと食べる年取った両親、仕事に疲れ切った様子で黙々と食べるパートナー……たとえ奮発してたまには豪華な食事を、と思ってレストランと同じものを食卓に並べたとしても、あなたはレストランで食べた時と同じように味わうことはできないのではないでしょうか。また、あなたの目の前にあんころ餅《もち》とミカンが置かれていたら、あなたはミカンを先に食べますでしょう？　それは長年の経験から、同じミカンでも甘い物を食べた後に食べるミカンは、とても酸《す》っぱく感じるということを知っているからですね。「味覚」はまた体調によっても変ります。風邪をひいて鼻がつまっている時は、何を食べているのか分からないほど「味覚」が鈍ります。高熱が出た時は大好物のお寿司を食べてもわたしはおいしいと感じません。冷たい物、喉越《のどご》しの良い物、舌触《したざわ》りのなめらかな物だけをおいしく感じます。あなたはどうですか?

わたしたちの感情がその時々の状況、わたしたちの状態によって瞬々刻々変わるように、味を知覚することは食べ物を口にするその状況、状態によって、このように変わりますね。そして、あなたの知覚した味は世界の誰のものとも異なるものであり、誰とも分かち合うことができません。このように「味覚」は全くの主観的なもので、「味覚」を判断するための基準はなにもないのです。「味覚」が感情の領域にあるものだということを、あなたもお分かりになったことと思います。

さて、「味覚」のもう一つの特徴は「本能的である」ということです。わたしたちは生命を保つために、どうしても物を食べて栄養を摂《と》らなければなりません。わたしたちが食べ物を口に入れた時、「味覚」はその食べ物がわたしたちの生命を維持するために必要な物であるか、それとも必要のない物であるか、或いは生命を脅《おびや》かす物であるか、を判断します。こうして「味覚」はわたしたちが生命を保つことを助けます。人間はだれでも生まれた時から、甘い、酸っぱい、辛い、しょっぱい、おいしい……という味を知っています。だれに教えられたのでもありません。勿論《もちろん》、チョコレートの味を「甘い」と表現することを、周りの人たちから教えられながら、何度も何度も体験を繰り返しながら学びます。おせんべいを口にして、その味を「しょっぱい」と呼ぶことも体験から覚えます。なぜ子どもたちは甘い物を食べるとニコニコし、酸っぱい物や苦い物は即座に吐き出し、辛い物を口にするとべそをかき、しょっぱい物を舐《な》めると顔をしかめるのでしょう。多くの人が子どもの頃には甘い物が大好きで、甘い物を欲しがります。甘い物をおいしいと感じます。けれど幼い頃には甘い物だけを欲しがっていた子どもたちが、成長するにつれてだんだん酸っぱい物も口にするようになります。どうしても食べられなかったワカメとキュウリの酢の物や、春になると決まって食卓にのったほろ苦いウドの酢味噌和《すみそあ》えを、小学3年生になった頃、わたしは痩《や》せ我慢しながらもようやく食べられるようになりました。そして、急に大人になったような気がして得意になったものでした。このような「味覚」に対するわたしたちの嗜好《しこう》の変化は教えられたのでも、学んだものでも、強制されたのでもありません。わたしは生まれた時から甘い物が好きでした。辛いもの、苦いものは口にすることができませんでした。甘い物を「おいしい」と感じ、辛いもの、苦いもの、すっぱいものは「おいしくない」と感じていました。わたしの持つ「味覚」がそれを知覚していたのです。

「味覚」はこのようにまったく本能的なものなのですね。「本能」とは自分にとって心地良いか（共感）、心地悪いか（反感）を教えてくれるもの、つまり自分の生命にとって必要なものであるか、そうではないか、また生命に害を与えるものであるかどうかを知らせてくれる力です。生まれたばかりの赤ん坊はすべての人を信頼しています。世界のすべてを受け入れます。彼らはまったくの共感の中に在ります。ですから何にでも手を差し伸べ、誰にでも抱かれ、差し出されたものは何でも口にするのですね。彼らが差し伸べた手を優しく握り、愛情をこめて彼らを抱き、彼らが必要としているすべての物を差し出す……こうしてわたしたちが彼らの信頼に応えることによって、彼らは共感に満たされ、彼らの内に人に対して、また世界に対して安心感や信頼感が生まれるのです。そしてこの世は真理と愛に満ちた美しい所だと感じるのです。このような体験が積み重ねられた時、はじめて彼らは自分もこんな世界に生きたいと強く願い、そうして彼らの内にこの世界で生きてゆこう、生きてゆきたいという意志の力が生まれるのです。

皆さまはもうお分かりですね。わたしたちが赤ん坊に味の濃い物や刺激の強いものを与えない理由が……。それは、わたしたち大人に対する、また世界に対する、彼らの信頼を育てるためなのです。赤ん坊に酸っぱい物、辛い物、苦い物、しょっぱい物など、彼らが予期しない、彼らにとって心地の悪い物を与えると子どもたちの内に反感が生まれ、人を世界を信頼することができにくくなるのです。幼い子どもが刺激の強い物を食べると、彼らは不安や恐怖心を抱き、落ち着かず、不安定な状態に陥《おちい》ってしまうのです。今、多くの子どもたちが不安な気持ちを抱えて落ち着かず、常に不安定な状態にありますが、そんな子どもたちは幼い頃、刺激の強い物を与えられ過ぎたのではないだろうか、とわたしには思われるのです。信頼していた人に心地の悪い物を口に入れられたその体験が彼らの内に反感を生み、その反感が彼らをいつも不安定な状態に置いているように思われてなりません。皆さまの体験、お考えはいかがですか？

次に「味覚」のもう一つの特徴である、「味覚は自分の意志によって知覚するもの」ということについて考えたいと思います。5号では、「嗅覚《きゅうかく》」はわたしたちの意志に関わりなく常に働いている、ということを学びました。わたしたちが望む、望まないに関わらず、「嗅覚」の働きによって臭いは常に知覚されます。1号から4号で学んだ基本的な四つの感覚もわたしたちが生まれた瞬間から働き続け、わたしたちが意識するしないに関わらず、いつも知覚しているものです。けれど「味覚」は違いますね。何かを味わうためには、わたしたちは自分の意志で口を開けなければなりません。「味覚」はわたしたちの意志が働いた時、はじめて知覚することができる感覚です。何かを口に入れて食べるか、食べないかはわたしが決めます。「味覚」はそのような感覚です。

さて、わたしたちは「自分の意志」でどんな物を口に入れているでしょうか？　何をどんなふうに味わっているでしょうか？　わたしたちは物を食べる時、殆《ほと》んどの場合、そのまま口に入れることがありません。熱を加えて調理します。そして、さらにその素材に何かを付け加えます。調理することも、何かを付け加えることも、素材を食べやすくするためですね。食べやすくするとはすなわち食物を細かくし、柔らかくするということです。口の中に入れてからも、わたしたちはさらにそれを体温で温め、噛《か》み、砕《くだ》き、もっと柔らかくします。そして、口にする物に応じて唾液《だえき》が分泌され、わたしたちはその力を借りて口に入れた物を呑《の》み込みます。

皆さまはこのプロセスがなんのためにあるとお考えですか？　そうですね、このプロセスはわたししたちの身体の外なる自然界に存在する物を口に入れ、溶かし、それをわたしたちの身体の中に入れ、わたしたちの身体の一部とするということなのですね。このように、物を食べるということは自然界とわたしたち人間とが融合するということなのです。「味覚」はその融合のプロセスのはじまりなのです。

わたしたちが匂《にお》いを嗅《か》ぐ時にはそんなことは起きません。臭《にお》いを発するものはいつまでもその物として存在しています。わたしたちが臭いを嗅いでもその物は元の形のまま、質も色も変わりません。けれどわたしたちが食物を味わうということは、自然界に存在する物をわたしたちの身体の中へ迎え入れることであり、わたしたちはそれらと融合し、それらを自らの身体の一部とするのです。融合のプロセスを経て、自然界に在ったものは形を変えてわたしたちの内で力となります。そして、わたしたちはその力によって生き、活動することができるのです。すなわち、食物とは……わたしたちの身体の一部となり、力となってわたしたちがそれぞれ持つ使命を果たすための糧《かて》となるもの……なのですね。

ですから、わたしたちが物を食べる時は、その食べ物がわたしたちが使命を果たすための糧として、わたしたちの身体の一部となるに相応《ふさわ》しいものであるかどうかと感じ取り、判断しなければなりません。それが本来持つ「味覚」の役割なのです。けれど、はじめに書きましたように、わたしたち人間は、特に日本人は（勿論《もちろん》、日本人以外にも世界には美食を好む人は大勢います）今、食物を「おいしい」、「おいしくない」という味わい方しかできなくなってしまったように思えます。わたしたちは「物を食べる」ということの意味をすっかり見失ってしまったのでしょうか。「物を食べる」ということは、自然界にある物をわたしたちの内に頂き、それらがわたしたちの身体と同化し、わたしたちの一部となり、わたしたちの力となる……その大事なプロセスの始まりなのに！

食べることは嬉しいことです。楽しいことです。心躍ることです。食べることはわたしたちに素晴らしい快感をもたらします。もし、わたしたちが食べることに喜びを感じなければ、そして空腹を満たすことに満足を感じることがなければ、わたしたちは食べることに興味を持つことができないでしょう。食べることに今ほど熱心にはなれないでしょう。今ほど心を注ぐこともないでしょう。そして人類はこれほど繁栄しなかったに違いありません。人類が生き長らえるために、繁栄するために、そしてわたしたちがそれぞれ持つ使命を果たすために創造主は、わたしたちに物を味わう「味覚」を与えてくれたのです。わたしたちはそれを忘れてはならないと思います。そして、「味覚」を満足させるためだけに食べる、という態度を考え直す必要があるように思います。

自然界は人類がその目的を遂げるために、自らの存在を食物としてわたしたちに差し出してくれています。わたしたちは自然界が与えてくれた物を、わたしたちの一部として生きています。自然界がわたしたちに与えてくれた贈り物を、わたしたちは十分生かしているでしょうか？　わたしたちは自然界が喜ぶような存在となっているでしょうか？　世界がわたしたちに贈ってくれたものによって、わたしたちは町を創り、家を建て、部屋を整え、衣服を身につけて、文明と文化を築いてきました。こうして自然界から頂いた物を、わたしたちは世界にお返しをしているのです。それによって、わたしたちは世界を絶えず「より良いもの」に変えてゆく務めがあるのです。……わたしたちはその務めを果たしているでしょうか？

もう一度繰《く》り返しますが、何かを口にする時、わたしたちは自然界にあった物がわたしたちの内に入り、わたしたちの一部となる……そのプロセスを体験しています。世界がわたしたちのものになりつつあり、世界がわたしたちを築きつつある、そのプロセスを体験しているのです。その後に身体の内で行われているプロセスを、わたしたちは知覚することができません。ですから、「味覚」はこのプロセスをわたしたち自身が知覚することのできる唯一の貴重な体験なのです。そして「味覚」とは、口に入れた物が食べられるものかどうか、栄養となってわたしたちの力と変わり得る物であるかどうかを知覚するものです。「味わう」ということは本来そういうことなのです。わたしたちが物を食べる時、「おいしい」、「おいしくない」だけを判断し、「おいしいもの」だけを追求することは、本来の「味覚」の働きから逸《そ》れていることだということがお分かりになったことでしょう。

わたしたちの「味覚」はいつ、このように堕落《だらく》してしまったのでしょうか？　覚えていらっしゃるでしょうか？　エデンの園でイヴが蛇に誘惑されたことを……イヴは蛇に「創造主より賢くなれる、禁断の木の実を口にすれば創造主以上に知恵を持つことができる」と誘惑されました。そしてイヴはアダムを誘い、二人でその実を食べ、爾来《じらい》、人は苦しみ、悲しみ、患《わずら》い、老い、死ぬ運命を辿《たど》ることになりました。人間を誘惑しようと考えた蛇は、人間のもつ「味覚」に訴えました。わたしたちが持つ十二の感覚の中の「味覚」が蛇の誘惑に負けたことの意味を、わたしたちは今、「飽食《ほうしょく》」という現象の中に嫌と言うほど見ているのではないでしょうか？　「人間がエデンの園で禁断の木の実を食べるように蛇にそそのかされ、その誘惑に負けた時から、わたしたち人間は「味覚」と正しく関わることができなくなってしまった」とルドルフ・シュタイナーは言っています。

わたしたちは今飽食し、その挙《あ》げ句《く》にダイエットすることに夢中になっています。が、「味覚」が持つ本来の働きを認識することができれば、わたしたちはどれだけの量を食べればよいか、ということも分るようになるでしょう。今口にしようとしているものが「まだ必要な一口」なのか、あるいは「もう必要のない一口」なのか、ということが分るはずです。そうすればわたしたちは今のような飽食《ほうしょく》をすることもなくなり、食物は地球上のすべての人々に平等に行き渡り、地球上から飢えている人の姿が消えるに違いありません。そのためにも、わたしたちは「味覚」(「生命感覚」の助けも借りて)を働かせて……身体が必要としている時に、必要としている物を、必要としている量だけ摂《と》る……ことに努めたいと思います。「おいしい物を食べたい」という「味覚」を満足させるためではなく、わたしがわたしの使命を果たすために、わたしの身体が真に必要としているものだけを摂《と》りたいと、わたしはつくづく考えています。それには、「おいしいもの」と「おいしくないもの」だけを味わい分ける能力しかなくなってしまったわたしの「味覚」に、なんとかして本来の力を取り戻さなければならない、と考えています。

では、「味覚」が持つ本来の力を取り戻すために、わたしたちはいったいどうしたら良いのでしょうか？　皆さまは結婚式やお祝いの会に呼ばれて、おいしいものばかりを食べつづける日が二、三日続いた後に、「簡単なお茶づけが食べたい！」と思ったことはありませんか？　おいしいものも続けて食べるとあまりおいしいと感じられなくなりますね。わたしは十代の終わりの頃大きな手術を受けたことがあるのですが、手術後、高熱でカラカラに乾いた口に含まされた、ガーゼに浸された水のおいしかったことを、今でも覚えています。腎臓病《じんぞうびょう》の治療のために食事を制限され、塩味のきいたものを長いこと口にすることができなかった友人がこう言っていたことがありました。「許されて飲んだ薄味の一杯の味噌汁は、本当においしかったわ！　でもそれは単においしいというだけじゃなくて、本当に大豆その物を味わっていると感じた瞬間でもあったのよ」……と。そんな時、わたしたちが持つ本来の「味覚」が働くのですね。ここに未だ、「味覚」の本来の力が残っているのではないでしょうか。ですから、簡素でしかも素材その物を味わう、そのことによってわたしたちの内の「味覚」を取り戻すことができるに違いない、とわたしは考えるのですが、あなたはいかがですか？　このように考えたら、人工的に「おいしさ」を加えようとする添加物など、もっての他のことだということが分りますね。

そうは言っても、長い間「おいしさ」だけを追い求める食生活をしてきたわたしにとって、簡素な食事はとてもできにくいものでした。いいえ、今も苦労しています。わたしは42歳の時、カリフォルニア州のサクラメントにあるルドルフ・シュタイナー・カレッジに行きました。カレッジにはルドルフ・シュタイナーの洞察によって始められた、バイオダイナミック農法を実践している農場があります。そしてカレッジのダイニングでは、毎日その農場で収穫した野菜を調理して昼食が用意されます。わたしはそこで、生まれてはじめてバイオダイナミック農法で作られた野菜を口にしました。バイオダイナミック農法で作られた野菜……それはアブラムシが喰《く》い、ナメクジの這《は》った後が残り、形も不細工でしかも不揃いでした。野菜その物の味は濃く、おいしいと感じました。けれど調理された物を「おいしい」と感じませんでした。味付けは、塩と、馴染《なじ》みのない奇妙な臭いと味のする香辛料だけでした。「なあに、これ？　ぜんぜん味がない！」「おいしくない」と思いました。「おいしいもの」が好きで、生まれてから42年の間いつも「おいしいもの」を食べたいと思い続けていたわたしは、素材そのものを食べるということを忘れてしまっていたのでした。素材その物を味わうことができなくなっていたのです。

　その頃、わたしはカレッジでルドルフ・シュタイナーの洞察による、農作物を作ることの意味と、食べることの意味、そして「味覚」について学びました。学んだことを自分の認識としてそれを実践することは、「おいしいもの」を食べることを諦《あきら》めることだ、とわたしは思いました。それは大変な決心のいることだ、と怖気《おじけ》を震《ふる》いました。おいしいものを食べることがこんなに好きなのに、1日3食……死ぬまで一生の間、毎日毎日それを強く意識し、考え続けなければならない……わたしには決心ができませんでした。けれど、ルドルフ・シュタイナーの思想を生きようと努力する人たちは、着る物、暮らす環境、食べる物……すべてに強い意志を働かせ、一瞬一瞬を強く意識しながら生きようとしていました。そして、生きることのすべてを、わたしたちの目標である「精神の進化」に添《そ》うように努力しているのでした。そんな人たちと共に暮らしているうちに、わたしは自然と自分が変わりつつあることに気が付きました。そして1年、2年と経つうちに、わたしは友人が調理してくれる素っ気ない味に違和感を感じないようになっていました。そして気が付くとわたしもいつか調味料を使わなくなっていたのでした。それ以後は定期的に野菜を購入する会員になって、バイオダイナミック農場を支えるお手伝いを続けています。

今でもわたしは「おいしいもの」を食べたいと思うことが度々あります。素っ気ない味付けを物足りないと感じることがあります。けれど、今わたしが一番心掛けていることは……今口にしている物がわたしの身体の一部になるに相応《ふさわ》しい物であるかどうか、わたしの身体の一部となった時、それを身体が喜ぶかどうか、身体の一部となって十分に働くことができる物なのかどうか、反対に身体の働きを損《そこ》ねる物ではないだろうか……と考えることです。バイオダイナミック農業のもっとも基本になる考え方は……わたしたち人間がこれから先も、十分な生命力を保ってゆくことができる農作物を作る……ということです。わたしたちは動物と違って、自然界に生《な》っているものをそのまま食物として摂《と》ってはいません。今わたしたちが口にしている物の殆《ほとん》どが人の手によって栽培されたものです。太陽の、月の、そして星々の力を授《さず》かり、地と水に育てられる自然界に成る物と、同じ力と恵みに満ちた物を作ることが、農業の役割です。今までのように……おいしく、美しく、整っている……ことを農産物に求めることをしないということを、わたしはルドルフ・シュタイナーに学びました。今も時に「おいしいもの」を食べたくなることがあります。でもそんな時は無理に我慢をしないことにしています。シュタイナーは言っています。「そうしたいと思う時にはそうしたら良いのです。まだそうする用意ができていない時に無理する必要はありません。それをあなたの身体と心が欲しているのですから……。それを欲しないような身体と心の在り方に少しずつ変えてゆけば良いのです」と。皆さまも決して無理をなさらないでください。10年以上かけてもまだ、わたしはそうできないのですよ。ただ、いつかそうなりたいと願っています。そして願い続けようと思っているのです。

最後に、わたしたちの「味覚」に備えられている「四つの味」について書きたいと思います。幼い子どもが共感を持って世界を受け入れることができるために、わたしたちに対する信頼を子どもたちの内に育てるために、「味覚」についてわたしたちが知っていなければならない事柄です。

「甘味」……もっぱらわたしたちの感情に働きかけます。そしてわたしたちに心地良さを感じさせてくれます。多くの場合、わたしたちは半ば無意識の内に「甘み」を摂《と》るのではないでしょうか。その上「甘味」はわたしたちが摂る多くの食物に含まれていますので、わたしたちは知らない間に「甘味」を摂《と》っていることがあります。こうしてわたしたちの内に取り込まれた「甘み」は、さらにわたしたちの意識を眠らせるのです。意識が眠るということは静かになる、落ち着くということではありません。むしろ、正反対なのです。極端に言えば、意識が眠ってしまいますから、自分が何を感じ、何を考えているか分かりません。ですから自分が何をしたらよいのか、何をしているのかということすら分からなくなります。わたしたちが「甘味」を多く摂った後、少なからず興奮状態になるのはそのためなのです。子どもを静かな、落ち着いた状態にさせたいと思う時には決して甘い物を食べさせてはなりません。「あの親は子どもに甘い」という時、わたしたちはその親を称えている訳ではなく、むしろ非難していますね。親の存り方や態度が子どもにとって好ましくないと考えているのです。

「酸味」……酸っぱい物を食べる時、わたしたちの気持ちは知らず知らずのうちに構えています。そして酸っぱい物を口にしたとたんに緊張します。酸っぱい物を噛《か》み、砕《くだ》き、呑《の》み込むまでには多少の我慢を必要とするのではないでしょうか。そして身体も心もきゅっと小さく縮みます。そうですね、こんなふうに「酸味」はわたしたちの意識を強く目覚めさせるのです。「酸味」はわたしたちの感情と思考に働きかけます。

「塩辛味」……わたしたちが調理する時、食材に塩を加えるのは、「塩辛味」を加えるためでしょうか。そうではありませんね。食材が持つ味を引き出すために使うのですね。「甘み」はそのものを味わいますが、わたしたちは「塩辛味」そのものを味わうことはありません。わたしたちが調理する時、塩を使うのは、塩その物の味を味わう訳ではなく、他の食材の味を引き立てるためです。「塩辛味」はわたしたちの思考の力に働きかけます。そしてわたしたちの意識を目覚めさせます。ですから、赤ん坊に塩分を多く与え過ぎると、時にはそれが命取りになる危険があるのです。

「苦み」……「苦み」を持った食べ物を口に入れる時、わたしたちは強い意志を必要とします。小さな子どもは苦いものを食べようとしませんが、成長するに従って食べるようになります。「苦み」は人間にとって、大人になる試金石《しきんせき》だと言えますね。わたしたちは成長するに従って、困難な局面に向き合うことがたびたびあります。それを「苦い薬を飲む」と表現します。「生命感覚」がわたしたちに「痛み」を知覚させるように、「味覚」がわたしたちに「苦さ」を知覚させせます。人生の「痛み」と「苦み」を覚えることなしに、人は決して成長することがないでしょう。「痛み」や「苦さ」を体験してこそ、意志の力が呼び起こされ、意志の力が育ちます。甘いお菓子ばかりを与えられて、必要な時に「苦さ」を与えてもらえなかった子どもは、意志の強い子どもに育ちませんね。わたしたちはそんな悲惨な例を、今目の当たりに見ています。

紙面の都合上、これ以上詳しく書くことはできませんが、どうぞ参考になさり、子どもたちの食事に気を配ってあげてください。子どもたちが「いつ」「どれほど」甘味、酸味、苦味、塩辛味を必要としているか、注意深く見てあげてくださいね。

さて、わたしたちの食卓を眺めると、今ほど豪華な時代はかつてなかったのではないかと思われます。これほどまでに飽食に慣れてしまったわたしたちが、今直ぐに質素な食事、簡素な食事に変えることは至難の業でしょう。けれど、ルドルフ・シュタイナーが言っている、「食物はわたしたちの身体の一部となり、それがわたしたちの使命を果たすための力となる」ということを心に留めて、「おいしいもの」を追い求めることはもう止めたいと、わたしは考えています。わたしはもう54歳です。今までおいしい物を散々《さんざん》食べてきたので、そんなことを考えられるようになったのかもしれません。若い皆さまがそう考えることは、急には無理なことだということもわたしには理解できます。先ほども書きましたように、食べたい時には食べたら良いのです。したいことを無理に我慢することはありません。いつかそうなりたいと願いながら、「いつ、どんな物を、どんなふうに、どれくらい食べるか」ということを常に心に留め続けていれば、いつか、「おいしい」から食べる、「おいしくない」から食べない、ということを止められる時がきっと来るでしょう。

わたしたちは生まれた時から、「おいしい」物を食べ、「おいしくない」物は食べない、という生き方を続けてきました。けれど今、子どもを育てている皆さまが、食べることに対して意識を変えることが少しでもできたら、あなたの子どもたち、いえ、あなたの孫たちは、今のわたしたちとはまったく違った食生活を送ることができるようになるかもしれません。そういう時が来る日のために、また世界中の人が飢えることなく、地球上に生きるすべての人がその使命を遂げることができる日が来るために……必要な時に、必要なものを、必要なだけ食べる……今日からできることを始めようではありませんか。

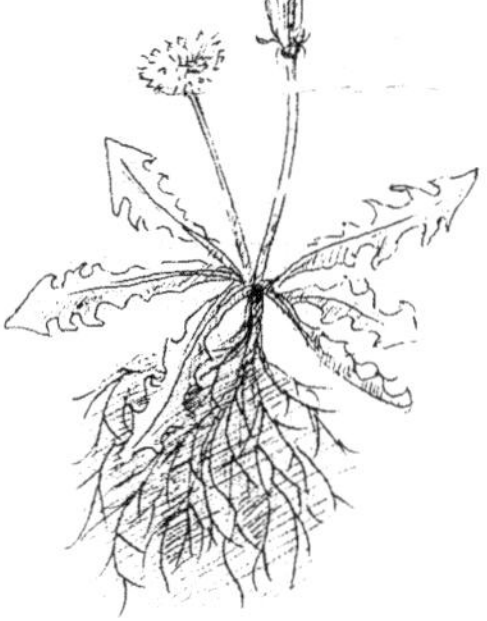

魔法の力を持つ編物

シュタイナー教育の真髄を伝えてくれるテーマです。
サクラメント・シュタイナー・カレッジの教師たちと
サクラメントの公立学校の教師と教育委員会のメンバーによって、
教育界に旋風がおこりました。
公教育の荒廃は、こうすれば止まるのです。
日本の教育崩壊にも参考になる、意義深い話です。

「新聞見たわ。施設の子どもたち、とっても楽しんでいるんですってね」「そうなのよ、すごいでしょう！わたしもね、行く前は『リコーダーなんて……』って、無視されたり、馬鹿にされるだけかと思ったんだけど、そんなこと全然なかったのよ。はじめてリコーダーを手渡した時は、皆『これ、どうしたもんだろう』っていう顔してたけど、わたしが吹き始めたら、静かになってね、じーっと聞いていたのよ。吹き終えたら「もっと吹いて」ってリクエストされたの。『あなた、吹いてみる？』って聞いたら嬉しそうに『うん』って言ってね……。誰も彼も身体は大きいし、腕も指も太いから、彼らが持つとリコーダーがとっても小さく見えておかしいの」「おととい、家族や関係者を招待して演奏会をしたんですってね」「そうなのよ。『うちの子がリコーダーを吹いているなんて……そんなこと、この目で見なきゃあ信じられない！』親御さんがそう言っているって聞いたもんだから、それじゃあ一度コンサートを開いて親御さんにも聞いていただきましょうか、って施設の職員と相談してね、おとといしたの」「よかったわね。

親御さん喜んだでしょう？」「泣いてた、お母さんたちが……」

罪を犯した少年少女たちの自立を助けるための施設で、昨日リコーダーの演奏会が開かれ、少年少女たちの父母や家族、そして関係者が集ったという新聞記事を読みました。新聞にはこう書かれていました。「人を傷つけ、危《あや》めた子どもたちのその手が、木で作られた美しい小さなリコーダーを手にしました。ピストルを持ち、麻薬を握っていた子どもたちのその指が、木の筒《つつ》に彫《ほ》られた、一列に並ぶ小さな穴をそっと押さえました。すると美しいメロディーが流れ出しました。静かで慎《つつ》ましい、聞いている人を包み込むような優しい音です。三人で吹くメロディーが美しいハーモニーを創り出します。子どもたちが真剣に演奏するその様子を目にし、彼らの指先から流れてくる美しいメロディーとハーモニーを耳にして、泣き出した母親たちはこう呟《つぶや》きました。『あの子がこんなことができるなんて……。機会を与えられたら、うちの子もこんな美しいメロディーを演奏することができるのね』『大きな声で怒鳴ったり、物を壊したり、脅《おど》したり、盗むことだけしかできない、どうしようもない子だと思ってもう諦《あきら》めていたのに……』『なんて嬉しいんでしょう！　うちの子があんなに上手に吹いているわ！　だれがうちの子にリコーダーを吹くことを教えてくれたの？　お礼を言わなくちゃ！』と……。彼らにリコーダーの演奏を教えたのは、シュタイナー学校の教師を養成しているルドルフ・シュタイナー・カレッジの教師たちです」

アメリカでは十代の子どもたちの犯罪が日増しに多くなっています。学校も、特に貧しい人たちが多く住んでいる地域の学校は荒れ放題で、子どもたちが学ぶ場としてほとんど機能しなくなってしまいました。彼らの多くはドラッグを経験し、ドラッグに冒《おか》され、ドラッグ欲しさに盗み、人を傷つけ、時には危《あや》め、そしてドラッグの売買に手を染めて深みにはまってゆきます。学校では、ガードマンが登校してくる子どもたちの身体を金属探知機で検査し、銃やナイフを取り上げます。校庭にはいつでもパトロールカーがいます。バスケット・ボールの試合中も、体育館の入り口には警官が見張っています。

そんな荒廃した教育になんとか生命を取り戻したい、教育本来の力を取り戻したい……切なる思いでいたサクラメント地区の教育委員会のメンバーがルドルフ・シュタイナー・カレッジを訪ねて来ました。「子どもたちが良くなるためなら、子どもたちが今より少しでも幸せになるのなら、どんな思想の、どんな教育でもわたしたちは行いたいと考えています」

その3年前にはすでに、ミルウォーキー市で公立のシュタイナー学校が始められていました。荒れていた子どもたちが穏やかになったこと、落ち着きが出てきたこと、学ぶことができるようになったこと、学校を休む子どもが少なくなったこと、子どもたちが丈夫になったこと……を伝え聞いた彼らは、自分たちもシュタイナー教育を実践したい、と考えて、シュタイナー・カレッジに相談に見えたのでした。

それは、わたしがサクラメントにあるルドルフ・シュタイナー・カレッジで仕事をしていた1996年のことでした。その頃、アメリカの教育、特に公教育は荒廃の極《きわ》みにありました。子どもたちが麻薬を始める平均年齢は小学3年生と報道されていました。十代にもならない幼い頃から麻薬の味を覚え、売人になり、麻薬を買うお金ほしさから窃盗、強盗、殺人を犯す子どもたち……そんな子どもたちが登校する時には、彼らが隠しているピストルやナイフを取り上げるために、ガードマンが校門で身体検査を始めました。校庭にはパトロールカーが常駐しています。校内では喧嘩《けんか》が絶えず、授業は妨害され、壁や床には穴が開けられ、ロッカーも壊されて使えず、在籍している子どもたちの三分の一は常に学校に来ず……教育どころではなくなっていました。荒廃した教育をなんとか立て直したい、教師も教育委員も必死の努力を続けていました。そんな彼らがミルウォーキーの公立のシュタイナー学校の試みを耳にしたのです。

その3年前からミルウォーキー市ではすでに公立のシュタイナー学校が始められていました。ミルウォーキー市内の殆どの学校も、サクラメントで今起きている、目を覆《おお》うばかりの酷《ひど》い状況の中にあったそうです。教育に携わる人々は事態を打開するために会議を開き、話し合いを重ねました。けれど名案は浮かびません。その時、一人の教師が新聞で読んだシュタイナー学校のことを思い出しました。「シュタイナー学校では子どもたちは皆学校が大好きで、毎日学校へ来ることが楽しくてたまらないと言っているそうです。勿論《もちろん》、麻薬を常用している子どもなんていません。だから皆落ち着いていて、静かで、喧嘩《けんか》をすることもないと聞きました。そんなこと嘘だろう、そんなことありっこない、大げさに報道されているだけだ……その記事を読んだ時はそう思っていました。今でもわたしは新聞記事を100パーセント信じているわけではありません。疑問はあるけれど、でも本当にそんな学校があるのなら見てみたいと思います。皆さんはどうですか？　そんなことを可能にする教育があるのなら、わたしは学んでみたいんです。そしてそれを実践したい！　子どもが幸せになるのなら、わたしはどんな思想の、どんな教育でも良い！　実践したいんです！」彼の叫びを聞いた彼の同僚たち皆が同意しました。そして直ぐにシュタイナー学校を訪れました。

シュタイナー学校と言えども、多くの問題を抱えた同じアメリカの社会の中に在ります。すべてが理想どおりに行われているわけではありません。けれど、少なくとも子どもたちは喜んで学校に通っています。病気やなにかの都合で休むことはあってもそれ以外の理由で子どもは学校を休みません。学校に来ることを嫌がる子どもはいません。暴力沙汰になるような大きな喧嘩もありません。子どもたちは毎日喜びと、驚きをもって学んでいます。そして落ち着いて授業を受けています。子どもたちは先生方を心から尊敬しています。シュタイナー学校の子どもたちの様子を見た関係者は心の底から驚き、感動しました。そして直ぐに検討を始めたそうです……どうにかして我々の教育現場にシュタイナー教育を取り入れることはできないものだろうか、と……。そして2ヶ月後には全米ではじめての公立のシュタイナー学校が、ミルウォーキー市に誕生したのです。それから3ヶ月が終わった頃、子どもたちは落ち着いて授業を受けるようになりました。子どもたちは大声を出さなくなりました。子どもたちはよく笑うようになりました。子どもたちは穏やかになり、喧《けん》嘩《か》が少なくなりました。仲良くなりました。子どもたちは積極的になり、学校を休むことも少なくなりました。スクールバスの運転手さんは、子どもたちのあまりの変り様に驚き、不思議でなりませんでした。「いったい子どもたちに何が起きたんですか?」と職員室に駆《か》け込んで来たといいます。

ミルウォーキー市で始められた公立のシュタイナー学校の話は、アメリカの教育界で大きな話題になりました。そしてサクラメントの教育者たちの耳にも届きました。「子どもたちが幸せになるためなら、どんなことでもする」委員長はそう決断し、ルドルフ・シュタイナー・カレッジの門を叩《たた》いたのです。

公立の学校でシュタイナー教育を実践する、しかもトレーニングを受けていない先生が……カレッジの中には危惧《きぐ》する人も多くいました。方法だけが取り入れられ、シュタイナー教育を支えているシュタイナーの思想がないがしろにされるのではないか、と心配する人もいました。それでもアメリカの教育の現状を誰も彼もが憂いていました。ニューヨークの貧しい移民の家族に生まれ育ち、今はカレッジでシュタイナー高校の教員を養成しているベティー・ステーリーが言いました。「これはわたしの仕事です。貧しいために盗み、犯し、殺す……そんな子どもたちにシュタイナー教育を受けるチャンスが廻《まわ》ってきたのです。酷《ひど》い環境に置かれてろくろく教育を受けられない子どもが、シュタイナー教育を受けられるのです。考える必要も、迷う時間もありません。わたしは始めます。今すぐに!」彼女の強い決意を感じたわたしたちは、もう迷うことはありませんでした。その場でプロジェクトチームを作り、翌週には公立学校の先生方のための講座を開き、直ぐにトレーニングを始めました。こうして、サクラメント市内の公立学校の先生方はトレーニングを受けながら、自らの教育現場でシュタイナー教育の試みを始めたのです。

一ヶ月後には数人の先生方から成果が現れたという報せが届きました。教育の成果というものは元来、直ぐに顕《あらわ》れるものではないとわたしたちは考えています。それは教育を受けた子どもたちが成長し、10

年、20年経った頃、彼らの生きる姿の中に顕れてくるものです。それが、1ヶ月、2ヶ月の内に顕れるということは、いかにその荒廃が凄《すさ》まじかったかということなのでしょう。そして教育者が抱えていた計り知れない苦悩を思い、わたしの心は痛んだのでした。

サクラメント市の教育委員会は、ミルウォーキー市でシュタイナー教育を実践するために一つの学校をシュタイナー学校に変える、という形を取りませんでした。チャータースクールという方式を採ったのです。それは、彼らの教育実践の中に、さまざまな思想のざまざまな教育法を採り入れ、それぞれの親が、自分の子どもたちにどんな教育を受けさせたいかを考え、選ぶことができる、というシステムです。チャータースクールにはシュタイナー教育をはじめ、モンテッソリー、サマーヒル、芸術に重点を置く教育、科学に重点を置く教育等など……特徴のあるさまざまな教育方法が実践され始めました。

シュタイナー・カレッジでは毎週末に、あるいは長い夏の休暇に、公立の学校の教師のために講座が開かれました。シュタイナー教育を実践したいと考える、チャータースクールで教えている教師はこうして勉強を続けました。また、その成果を目の当たりにしたさまざまな学校の教師たちから、シュタイナー教育を取り入れたいという希望が寄せられました。その要望に応えてルドルフ・シュタイナー・カレッジの教師が公立の学校に定期的に出向き、講座を持つことも始められました。中には本格的にシュタイナー学校の教師としてのトレーニングを受けたいと希望して、退職し、カレッジに入学する公立学校の教師も出始めました。

こうして、シュタイナー教育はサクラメント市の教育界に大きな旋風を巻き起こしたのです。わたしもいくつかの中学校に出向き、請《こ》われるままにシュタイナー学校で行っていた日本史や日本の地理、日本の政治などの授業をしました。日本に古くから伝わる御伽噺《おとぎばなし》もたくさん話して聞かせました。カレッジで学んでいた日本の学生たちと一緒に日本の民話の人形劇もしました。学生たちの卒業制作である、『劇・古事記』も見てもらいました。色、音、動き、香りと共に体験した日本の文化を、子どもたちは全身全霊を以って受け取ってくれました。日本の文化が持っている高い精神性は、きっと彼らの生きる力となったに違いありません。

チャータースクールでシュタイナー教育を受けている子どもたちが変わってきたことは、サクラメントの教育界でも大変な話題になりました。カレッジでは請われるままに、あるいはわたしたち自身が企画して、市内の大小のホールで、図書館で、シュタイナー教育の講演会や、シュタイナー学校の子どもたちの作品展、そして授業のデモンストレーションを行いました。市の内外で活動している教育実践者を交えて、より良い教育を考えるためのパネルディスカッションを行ったこともあります。勿論、希望する教育関係者には、できる限りシュタイナー学校の見学や授業参観にも招きました。また、教師のトレーニングを担当している同僚たちは、公立の学校に招かれて講義をしたり、授業のデモンストレーションを行いました。

そんなある日、罪を犯した10代の少年少女たちの施設で働く職員が二人、カレッジを訪ねてきました。そして、その施設でシュタイナー教育を実践したい、という希望が伝えられました。翌日、わたしたちは話し合いを持ちました。多少の危惧《きぐ》はありましたが、「子どもが幸せになるためなら、どんなことでもする」という彼らの衝動はまた、わたしたちの強い希望でもありました。さっそく実践が始められました。カレッジから教師たちが出向き、子どもたちにお話を語り、子どもたちと一緒にリコーダーを吹き、絵を描き、編物をし、スピーチ（上手に話ができるようになるための訓練ではなく、言語造詣《ぞうけい》と呼ばれるシュタイナーの思想を基に行われるものです。わたしたちの話すことばに、ことばが本来持っている力を取り戻すための芸術活動です）の練習が始められました。

そうして3ヶ月経ちました。「物語の続きを聞きたいから、自分の審判の日を延期して欲しい」と言うほどに、お話を聞くことを楽しみにしている子どもがいると聞きます。そして子どもたちはリコーダーを吹くことに喜びを感じ、色の持つ力によって生命の力を取り戻し、スピーチの訓練を受けることで彼らの話すことばに力が篭《こも》るようになったと聞きます。そして、彼らの様子を伝え聞いた父母や家族が、彼らの吹くリコーダーを聞きたいと望み、一昨日、施設の中でコンサートが開かれたのでした。それが朝刊に写真入りで大きく載っていたのです。そして、この3ヶ月間、施設に通い、苦労して新しい試みを続け、子どもたちにリコーダーを演奏する楽しさを与えた同僚のキャソリン・ブラウンを、わたしは心から称え、労《ねぎら》ったのでした。

美しい音はわたしたちの心を打ちます。心を込めて創られた物はわたしたちの心を動かします。優しい手触りはわたしたちの心を和ませます。芳《かんば》しい香りはわたしたちの心を安らかにします。力ある言葉はわたしたちの精神に働きかけます。ルドルフ・シュタイナー・カレッジの同僚たちが、より過酷な状況の中にいる施設の子どもたちのために行った教育は、いったいどのような力を発揮したのでしょうか。

《お話を聞く》お話の中で生きる人が、動物が、花が、木が、雲が、風が動き、語り、その力が伝わってきます。色が見え、音が聞こえます。手触りも感じられます。香りがします。吐く息の暖かさが伝わってきます。冷たさも感じられます。それらのすべてがわたしたちの心を生き生きとさせます。胸がどきどきと高鳴ります。わくわくします。次を聞きたいと心が踊ります。こうして心が動いた時、子どもたちは真に学ぶことができるのです。心が動く時、子どもたちは人を敬い、愛し、尊ぶことができるのです。そして、世界を信頼し、世界に希望を持ち、未来に光を見ることができるのですね。勇気を振って前に進むことができるのですね。

お話を聞く時、子どもたちの持つすべての感覚が生き生きと働きます。

《リコーダー》1本、1本手で丁寧《ていねい》に削《けず》られ、作られた木のリコーダーは美しい音を生みだします。それは高貴な形を持ち、優しい手触りがし、芳しい香りを放ちます。リコーダーを目にし、手に持ち、吹く時……子どもたちはバランスをとりながら、2本の手でリコーダーを真っ直ぐに持ちます。両手で支えながら指を使い穴を押さえます。唇をあてて息を吹き込みます。全身全霊を以って音を聞きます。こうして子どもたちの感覚が育つのです。木で作られたリコーダーの持つ優しい手触りは、繊細な触覚を養います。音を奏《かな》でる喜びは、彼らの生命感覚に力強く働きかけます。細いリコーダーを落とさないように手で支え、細かく指を動かすことは運動感覚を養います。リコーダーが手から落ちないように支えること、真っ直ぐ立つことで、彼らの平衡感覚はどれほど大きく成長することでしょう。

《水彩画》厚いしっかりした紙、紙を濡《ぬ》らす冷たい水（シュタイナーによる水彩画は、まず紙を水の中に数分間浸して紙に水を含ませます）、木で作られた筆は中央にゆるやかな膨《ふく》らみを持っています。豚の毛が使われているごわごわした筆の毛先……すべてが子どもたちの触覚を優しく刺激します。水を吸い込んだ紙の上に、絵の具をたっぷり含んだ筆先を置くと、色はまるで生命を持っているかのように動き、広がります。色が踊り、歌う時、わたしたちの生命も踊り、歌います。色が囁《ささや》き、微笑む時、わたしたちは耳を傾け、微笑み返します。そして色が次第に形を作り始めると、わたしたちの心も形作られ、しゃんとします。こうして色はわたしたちの生命感覚に力を与え、強めるのです。画用紙の前に二本の足で立つ。筆をしっかり持つ。筆に絵の具を含ませる。紙の上に色を置く。筆を動かす……運動感覚が働かなければ、わたしたちは紙の前で成す術《すべ》がありません。そして同時に、わたしたちの内で平衡感覚も働いているのですね。

《スピーチ》「あ、え、い、お、う」……母音はわたしたちを共感の世界に誘います。母音はわたしたちを心地よく包み、安らかで穏やかな気持ちにしてくれます。母音を発し、母音を聞く時、わたしたちはなかば眠り、夢見ているような心地良さの中にいます。「か、け、き、こ、く」……子音はわたしたちを眠りから目覚めさせます。心に直接響きます。わたしたちを反感（思考）の世界に連れていきます。

スピーチの訓練はことばの持つ力を、わたしたちに感じさせてくれます。今わたしたちは多くの場合、口の先でしか言葉を話していないように思います。音が口蓋《こうがい》の中で、またわたしたちの身体の中で少しも響いてはいません。言葉が本来持つ力は響きの中にあります。音をわたしたちの内で響かせ、音の持つ力をわたしたちの内で働かせ、それによって世界に、宇宙にとって必要な力をわたしたちの内から放つようにしなければなりません。そうすることによってわたしたち自身が再び、その力の恩恵に与《あず》かることができるのです。話す時、わたしたちは唇《くちびる》と舌を動かします。触覚が唇と舌の触れ合いを知覚します。気持ちの良い音を聞く時、わたしたちの生命感覚はいきいきとした生命の力を感じ、喜びます。話をする時、わたしたちは息を吸い、吐《は》きます。運動感覚が働き胸郭《きょうがく》が動き、肺が働き、肩も上下し、身体全体を動かします。平衡感覚も働きます。不安定な姿勢では話ができません。

施設で暮らしながら、再び罪を犯すことのない生活をするために教育を受けていた子どもたちは、シュタイナー教育を受ける機会に恵まれました。こうして、先生が語るお話を聞き、リコーダーを吹き、絵を描き、毛糸を編み、スピーチの訓練を受けています。そして彼らの内で幼児期に培《つちか》われることのなかった、十二の感覚の中でも生きるための最も基本になる四つの感覚、「触覚」「生命感覚」「運動感覚」「平衡感覚」を育てられています。共に学んだ皆さまはお分かりのことと思いますが、この四つの感覚は、また他の八つの感覚を育てる大きな力にもなるのです。ですから、この四つの基本的な感覚を育てることは、親として、教育者として、大人として、子どもに対する最も大きな責任であるとわたしは考えています。

今、子どもたちが学校で授業を受けることができない、授業を受けるための基本的な力が具わっていない、とわたしたちは危ぐしています。……直ぐに躓《つま》いて転ぶ、真っ直ぐに歩けない、真っ直ぐに立てない、5分間も立っていられない、正しい姿勢で椅子に腰掛けられない、長い間椅子に腰掛けていられない、椅子から転げ落ちる、話を聞けない、話しができない、人とやり取りができない、遊べない。

……この4月にはじめてお子さんを学校に送り出す親御さんからお手紙をいただきました。「大村さんは聞いたことだけで判断して、学校の状況をあまりにも悲惨に考え過ぎているのではないでしょうか？こんなことを聞いたのでは、子どもを希望を持って入学させる気持になれません。もっと希望を持てるように書いてください」……ご指摘のように、わたしには学校に通っている子どもがいませんので、実際に教室を覗《のぞ》くことはできません。勿論《もちろん》、言われるまでもなく、わたしも学校で行われている素晴らしい教育、楽しい行事、子どもたちの生き生きした姿を皆さまに伝えたいと思います。「ひびきの村」には今、学校で教えている現役の先生方が大勢訪ねていらっしゃいます。ワークショップにも参加されます。全国各地で行っているわたしの講演会にもお出でくださいます。お手紙も、ファックスも、イーメールも、お電話もたくさんいただきます。皆さまを必要以上に不安な気持ちに陥《おとし》れたいと思っている訳ではありません。皆さまに日本の教育に対して不信感を抱かせたいなどと、毛頭考えてもいません。勿論、先生方が力を合わせ、力を尽くして素晴らしい教育を実践されている学校もあると聞きます。「ひびきの村」にもそのような実践をなさっている先生がお出でになり、本当に嬉しくお話を伺いました。けれど、実情は崩壊している、或いは崩壊しつつある学級や学校が圧倒的に多いのです。皆さまをがっかりさせて本当に申し訳なく思います。皆さまを不安な気持ちに駆り立ててしまい、心から残念に思います。でも、いえ、ですから、わたしたちの手で日本の教育を立て直さなければならないのです。わたしたちの子どもたちをこのまま見捨てるわけにはいきません。子どもたちはわたしたちの未来です。子どもたちは地球の、宇宙の未来を担っているのです。そのためには、現実から目を逸《そ》らさないこと、どんな辛い現実をも見据えること、現実と向き合うことから始めなければならないと、わたしは考えているのです。

わたしたちはこの講座で共に学びながら子どもたちを取り巻く環境が、子どもたちの困難を生み出しているということを改めて強く認識しました。食物、衣服、住居、あらゆる環境の質、音、色、臭いなどが子どもたちを不安定にさせ、子どもたちから落ち着きを奪い、子どもたちが世界を信頼することを困難にし、子どもたちに希望を失わせてしまいました。

環境を整えましょう。できる限り自然の素材で作られたものを使いましょう。今、自然の素材で作られたものは大変高価です。ですから必要な最小限のものだけを整えれば良いのですね。常に大きな音や機械で作られた音（テレビ、ラジオ、ＣＤ等）、また不規則な音が聞こえてくると子どもたちの感覚が損《そこ》なわれます。激しい色や模様は子どもたちの心を不安にさせます。食の問題、衣服の問題、医療と薬の問題……際限がないほど、わたしたちが考えなければならないことがあります。幸い、本年6月以降もまたわたしたちは共に学ぶ機会を与えられました。一年を費やしてじっくり学ぶことに致しましょうね。

そうそう今日は、皆さまに「編物が持つ魔法の力」についてお知らせしたいと考えていたんでしたっけ！「編物が魔法の力を持っているなんて、本当かしら？」とお思いですか？

毛糸を編むためには、
大変な集中力を必要とします。
静かに落ち着いていないと決してできません。
数を数えることが必要です。
編み進めるとどんな形になるだろうか、という想像力を働かせる必要があります。
両手を使って編み棒を動かさなければなりません。
なにもない所から形ある物が生まれる過程を体験することができます。
心が弾みます。わくわくします。
形作る達成感と、満足感を味わうことができます。
形作ることができた自分自身と、作品を誇りに思います。
自分の手で作った物を大切にします。
他の人が作った物の大切さも分ります。
すべての物を大切にする気持が生まれます。
美しい色、模様、形を楽しむことができます。
優しい穏やかな手触りが暖かく、心を和ませます。
忍耐を必要とします。
一つの編目も落とさない注意深さが必要です。
編物をするたびに、毛糸が持つ独特な臭いを嗅ぎます。

もっと、もっとあるでしょうねえ。編物をした時、あなたが体験なさったことをわたしにも教えてくださいますか？　そして、春が訪れる前に、お子さんとマフラーを編まれてはいかがですか？　日本中のお母さん、お父さん、おばあちゃん、おじいちゃん、おばさん、おじさんと子どもたちが、美しい色の細い毛糸で暖かいマフラーを編み、ちょっと肌寒い風が吹く春の日に、首に巻いて歩いている……そんな光景を思い浮かべると、わたしの心はうきうき、どきどき、わくわくと踊ります。この原稿を書き終えたら、わたしも編んでみましょうか……。

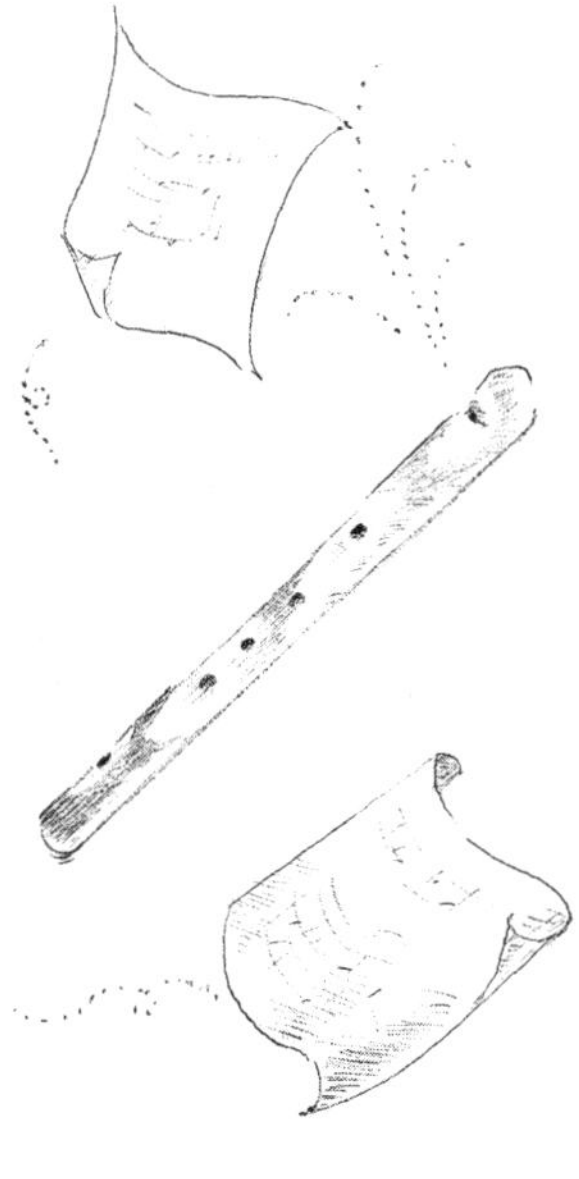

ペダゴジカル・ストーリー

お話の持つ力

petagogical story：直訳すると、教育的なお話。ここでは、心から「そうしよう!」と思えるように導く創作物語の意味。

「泣かないで、ちひろちゃん」

回を追うごとに読者の皆様からの反響の大きいシリーズです。今号は、おとぎの国に「さよなら」を言った大きいお兄ちゃん、お姉ちゃんのお話です。

力もあり、知恵もあり、経験もある大きなお兄ちゃんやお姉ちゃんは、小さな子どもたちにとって憧《あこが》れの的です。なんでもできるお兄ちゃんやお姉ちゃんを、彼らは心から尊敬しています。困っている時にはいつでも助けてくれる頼もしい存在でもあります。でも、いえ、だからこそ、そのお兄ちゃんやお姉ちゃんに言われるきついひとことが、時には小さな子どもたちの心に棘《とげ》のように突き刺さるのです。そして、その棘が長い間抜けなくて心が痛み続けることがあります。

わたしが小学1年生の時、近所に6年生のお姉ちゃんがいました。背が高くすらりとした姿がステキでした。お姉ちゃんは次々に新しい遊びを考え出し、

わたしたち年下の者にいつもてきぱきと指図《さしず》していました。背にたらした三つ網がとっても黒くて太かったのを覚えています。わたしも髪を伸ばして早くあんな三つ網に編みたいと憧れていました。わたしはすばしっこい要領のよい子どもでしたので、彼女に言われたことをすぐにすることができましたが、中にはできない子どももいました。お姉ちゃんは彼らを強く叱ることがありました。そんなお姉ちゃんを時々わたしは怖いと思っていました。叱られた後、遊びに加わらなくなった子どももいました。

数年後にはわたしが上級生になりました。そして、わたしは年下の友達にあれこれ指図するようになりました。ある日、学校で下級生の一人がおかしな歩き方をしていることに気がつきました。よく見ると、右足に運動靴を、左足に下駄を履《は》いています。「どうしたの?」と聞くと「左足を捻挫《ねんざ》して、靴が履《は》けないの」と答えました。「だったら、両方下駄を履いてくればいいのに。靴と下駄を履いてくるなんておかしい!」とわたしは言いました。すると彼女は小さな声で言いました。「だってそんなことしたら、ゆうちゃんにおかしい、って言われると思ったから」……ようやくの思いで言ったであろうその子の気持を考えるより先に、「自分の思い通りにしたらいいのに、そんなことをわたしのせいにするなんて嫌な子!」とわたしは心の中で強く反発していました。そして腹を立てていました。でも同時に「わたしは友達にそんなふうに思われているんだ。わたしに何か言われることが恐ろしくて、自分の思い通りにできない子がいるんだ。わたしは友だちに恐れられているんだ」……わたしを恐れている友だちがいる、ということが大きな衝撃でした。それから、わたしは自分の行為やことばが人に強い影響を与える、ということを意識するようになりました。そして、わたしが強いことばを発した時に、友だちがどんな反応をするかを気にするようになりました。「今、祐子さんは自分の在り方に気付き、自分と闘い始めました。成績が落ちることがあるかもしれませんが、温かく見守ってあげてください」と担任の先生が母に告げたと聞いたのはこの頃のことでした。

今、大人になって、力に恵まれているために、下級生や力の弱い子に恐れられている子どもを見ると、わたしもきっとあんなふうに恐れられていたのだろうと思って心が痛みます。恐れている子どもから恐れる心を無くすために、わたしに何ができるだろうと考えます。恐れられている子どもにも心を寄せたいと思います。能力に恵まれている故に、人を蔑《さげす》んだり、人をないがしろにしたり、馬鹿にしたりすることのないように……恵まれた力を友だちを服従させるために使うことがないように……どんな手助けがわたしにできるだろうと考えます。

「お兄ちゃんが仲間に入れてくれないから、大好きないずみのシュタイナー学校へ行かれない」「楽しい木曜教室へ来たいけど、上級生のお姉ちゃんに何か言われるのがイヤ」……わたしの周りにも除外される淋しさや、恐れる心と闘っている小さな子どもたちがいます。そんな子どもたちのために物語を作りました。ともするとわたしは大人の理論で納得させようとしがちですが、そうではなく、彼らの心に添うことができるような物語を話してあげられたらいいなあ、と思います。そして彼らの内に勇気と希望をもって現実に立ち向かってゆく力が育ちますように……。

恐れられている大きいお兄ちゃん、お姉ちゃんもまた、自我に目覚めて一人で世界に立ち向かう不安や恐れを抱いているのです。彼らに捧《ささ》げる物語は2000年第2年度NO1、通巻7号に書きますね。待っていてください。

「妖精と遊べなくなった子どもたち」

千《ち》尋《ひろ》ちゃん、きのう、わたし夢をみたのよ。千尋ちゃんが啓太くんと遊んでいたわ。とっても楽しそうに。それでね、そばには千尋ちゃんと啓太くんの天使がいてね、「よかったね、二人が仲良くあそべて……。これでひと安心」って言っていたのよ。二人が遊んでいた所はね、広い広い野原で、きんぽうげの花が一面に咲いていたの。きんぽうげは千尋ちゃんが大好きな花なのね。野原にはあたたかくて気持の良い風が吹いていてね、千尋ちゃんの髪飾《かみかざり》りが揺《ゆ》れていたわ。そう、千尋ちゃんのお気に入りのピンクの髪飾りよ。千尋ちゃんが片足でくるくるって回ると、レースのいっぱいついた白いドレスがまるで釣鐘草《つりがねそう》のようにいっぱいにふくらんで、とってもきれいだったわ。そしてレースの妖精たちの笑い声が聞こえたの。啓太くんがそれを見ていてね、「きれいだねえ」って言っていたわよ。そして妖精たちの笑い声に誘われて啓太くんも笑っていたわ。

……でも、啓太くんは昨日、『木曜教室にそんなふわふわした洋服着て来るなんて、何考えてるんだか！千尋ちゃんおかしいんじゃないの？』って言ったのよ……ええ、わたしも聞いていたわ。それで千尋ちゃんは悲しかったのね。木曜教室にあの白いドレスを着ていくことを、あんなに楽しみにしていたんですものねえ。教室では祥美《よしみ》先生がとってもステキなお話しをしてくれて、その後でトヨ先生と一緒にきれいな絵の具を使って絵を描《か》いて、宏史《ひろし》先生とは楽しいゲームをし……そんな楽しい教室だから、千尋ちゃんは花のフェスティヴァルの時に、お母さんに買ってもらった白いドレスを着て行きたかったのね。それにドレスのレースの襞《ひだ》には、楽しいことが大好きなレースの妖精たちが棲《す》んでいるんですものね。妖精たちを教室に連れて行きたかったのね。お母さんに髪を高く結ってもらって、ピンクの髪飾りをつけて、千尋ちゃん、とってもきれいだったわよ。先生方も、友だちもみーんな「わー千尋ちゃん、きれい！」って言ってくれたわね。

本当はね、啓太くんもね、きれいだなって思ったのよ。これは啓太くんの天使がわたしに話してくれたんだけどね。でもね、啓太くんはもう6年生でしょう。だから、女の子に「きれいだね」って言えないんですって！ そんなこと言ったら恥ずかしいんですって！ 特に友だちの前ではね。だから「そんなのおかしい！」って反対のことを言ったんですってよ。本当は言いたくて、でも言えなかったから、啓太くんは夢の中で「きれいだねえ」って言ったのよ。わたしも男の子の気持、よく分らないんだけど……。

わたしの二人の子ども、一郎と次郎にもそんなことがあったかなあ、って考えていたのよ。小さい時はあの子たちもわたしと一緒に三日月のブランコに乗ったり、春の空に浮かんでいるホワホワした雲をちぎって帽子を作ったり、タンポポの綿毛にぶらさがって散歩したり、冬にはツララのお城に遊びに行くのが大好きだったの。でもね、だんだん大きくなると「妖精なんていないよ!」って言うようになってね、わたし、とっても悲しかったのよ。「妖精がいるなんて思っているお母さん変!」なんて言われて、今の千尋ちゃんのように泣いたこともあったわ。もう、あの子たちと小人の国や、妖精のお家や、星のステーションに遊びに行かれなくなってしまった、って。でもね、その時、子どもたちの天使が教えてくれたのよ。「心配ありませんよ。恥ずかしがっているだけですよ。あの子たちの心の中には小人や妖精がちゃあーんといますよ。ただ、大きくなったのにまだ小人や妖精と遊んでいる、って友だちに知られるのがイヤなだけなんです。あの子たちが忘れた振りをしたって、小人や妖精が消えていなくなってしまうことはありませんもの。もっとも時々思い出して遊んであげないと、小人や妖精たちは退屈して眠ってしまうこともありますけどね。

あの子たちが大人になって、大切な人と結婚して自分の子どもが生まれたら、自分たちが子どもだった頃のことをきっとまた思い出しますよ。そして夢中になって、自分の子どもと一緒にまた飛行機雲に乗って世界中の空を駆《か》け巡《めぐ》ったり、木蓮《もくれん》の花びらをボートにして水に浮かんだり、まつぼっくりのロケットに乗って宇宙に飛び立ったりするにちがいありません。ヒューフュー鳴る松林の音が神様からのメッセージだっていうことも、きっと思い出すでしょう。だから心配しないでいいんですよ」って、ね。

一郎の家には、夏になると赤ん坊が生まれるの。そうしたら、あの子はきっとまた、小人や妖精を思い出すでしょう。

千尋ちゃん、6年生になった啓太くんはもう小人や妖精と遊ぶことができなくなったのね。空に自由に飛んで行くこともできなくなったし、雪が溶けたあとのやわらかくてあったかい土のなかにもぐって、大地のお母さんに会いに行くこともできなくなったの。そうして遊ぶことができなくなったことを、啓太くんはとっても淋しいと思っているのよ。だから、千尋ちゃんが白いドレスを着て、レースのかげに隠れて笑い声をたてている妖精と遊んでいるのを見て、啓太くんは悔《くや》しくて「ふん！」と思ったのね。啓太くんも本当は妖精と遊びたいんだと思うわ。だから今度啓太くんが千尋ちゃんのドレスを「へんなの！」って言ったら、啓太くんにもレースの妖精が見えるようにしてあげたらどうしら？　ちっちゃくて、かわいい妖精を見たら、啓太くんきっと嬉しいと思うわ。……どうやったら啓太くんに妖精を見せてあげられるの？……そうね、白いドレスを着た千尋ちゃんを見て、啓太くんが信吾くんと「ひそひそ」って話しはじめたり、「そんな服着て来るなんておかしいや！」って言ったら、千尋ちゃんくるくるって回って妖精を笑わせたらどうかしら？　妖精の笑い声が聞こえたら、啓太くんきっと妖精がいることに気が付くと思うの。

おとぎの国に「さよなら」を言った大きいお兄ちゃんやお姉ちゃんは、時々、小人や妖精に会いたくてたまらなくなります。でも、大人になるためには、だれでも一度はおとぎの国から出て行かなくてはならないのです。大人になる道を歩き始めたことを、彼らはとても誇りに思っています。ですから力のない小さな者、弱い者を喜んで助けます。けれど時に、自分ができることを小さな子どもたちができないことに苛立《いらだ》ち、それを謗《そし》ったり、非難することもあります。嬉々として小人や妖精たちと遊んでいる小さな子どもたちを見ると、彼らは無性に悲しくなったり、腹立たしい気持になることがあるのです。

小さな子どもたちにはお兄ちゃんやお姉ちゃんの心を、分ってあげられるように、そしてお兄ちゃんやお姉ちゃんには、小さな子どもだった時の心を思い出すことができるように、そして今自分たちがどんな状況にいるかを理解できるように……次回、第2年度の通巻7号で、お話しいたしましょう。

子どもをよく知るためのエクスサイズ

春です、飛躍しましょう！

1年間の締めくくりとして、今号では
植物の内にあるもう一つの力「飛躍する力」を探します。
植物が飛躍するためには、長い長いプロセスがあり、
それは子供たちが成長の中で必要とされているプロセスつまり、
「飛躍」への力と同じです。
法則と真理を植物の観察の中から認識しましょう。

昨年の6月から、皆さまとご一緒に植物の観察を続けてきました。この観察を通じて、わたしたちはさまざまなことを学びました。そのうちのひとつは、「植物を観る、ただ在りのままに観る」ということでした。その時観察した植物を、知っていることで判断したり、以前体験したことを思い出して分ったつもりになったり、感情で向き合ったり、思い出に耽《ひた》ったりすることがないようにする。……「そのものを観る」……ということを学びました。それによって、わたしたちは植物の中に働いている「法則」を認識することができました。そして、それこそが「真の思考」であるということに気が付きました。こうしてわたしたちは、わたしたちを取りまく世界を、あれこれとわたしたちの思いを巡らせるのではなく、世界そのものを認識する、すなわち世界を真に思考することが、多少できるようになったのではないでしょうか。

次に、わたしたちは物質としての植物と、それを物質として在らしめている見えない力を感じることができるように自らを訓練しました。植物はそれ自

身の中に、物質として存在するための力を持っています。そして芽を出す力、伸びる力、花を咲かせる力、実を結ぶ力……成長する力を持っています。しかし、植物をそう在らしめているのは、植物自身に内包される力だけではありません。植物はその周囲から、そして宇宙の果てからも力を注がれているのです。わたしたちはその目に見えない、耳では聞こえない、手で触れることのできない力をも認識することができるように訓練しました。

次にわたしたちがしたことは、植物の内に働いている「法則」を見つけることでした。わたしたちはまず、植物の中に「リズム」……広がる、縮む……伸びる、小さくなる……というリズムを観ることができました。それは植物の内にだけではなく、わたしたち人間の中にも、子どもたちの中にも在るということも認識することができました。植物の葉を丁《てい》寧《ねい》に一枚一枚切り取り、それらを紙の上に並べて、その植物が持つリズムを観ることができました。

そのリズムを認識した時、わたしたちはゲーテの世界観を示されました。ひとつは「すべての中に、相反するふたつの力が働いている」ということでした。わたしたちが植物を観察したその目を、わたしたちの周囲に転じた時、その真理は植物の内ばかりではなく、世界のすべてのもの、すべての現象の中に働いているということが分りました。わたしたちは植物の観察を繰り返すことによって、その事実を少しずつわたしたち自身の認識とすることができました。

そして前回はゲーテが洞察したもう一つの世界観である、「すべてのものは完成へ向かってのプロセスに在る」を学びました。そして、植物を観察することによって、彼の世界観を自らの認識となるように努力しました。

この一年の間に、植物を観察することを続けてきて、皆さまはご自分の内で変化が起きたことに気が付かれましたでしょうか。わたし自身はお陰さまで、多少なりとも自分の内に新たな力が生まれたように感じているのですよ。観察によって獲得することができた「法則」や「真理」の認識そのものが、世界に働いている「真理」に対する「畏敬《いけい》の念」を、わたしに感じさせてくれるようになりました。そして、その「畏敬の念」が「世界の歓《よろこ》びや悲しみ、憧《あこが》れや憤《いきどお》り等など」……わたし自身の個人的な感情ではなく、わたしの存在する時空を越えた感情、つまり「真なる感情」……を時折わたしに感じさせてくれるようになりました。人と対立した時、対立したことによってわたし自身が感じる悲しみや憤りではなくて、対立したそのこと自身の悲しみを感じることができるようになったと思えるのです。勿論《もちろん》、それはどんな場合にも、と言うわけにはいきません。けれど、一度でも真の感情、宇宙の感情を感じることができた体験はわたしを励まし、鼓舞《こぶ》し、わたしがわたし個人の感情に溺《おぼ》れようとする時、わたし自身の悲しみに浸《ひた》ろうとする時、それを戒《いまし》め、押し留めてくれるのです。皆さまとご一緒にこの一年の間、植物の観察を続けて養われた多少の力はこうして、対立した相手の悲しみでもなく、わたし自身の悲しみでもない、どんな立場をも越えた「真の感情」をわたしに感じさせてくれるようになりました。ありがたいことです。

さて、一年の締めくくりとして、今回はさまざまな植物の内にあるもう一つの力、「飛躍する力」を探すことに致しましょう。今日は2月10日、立春から一週間が経ちました。空が厚い雲に覆《おお》われている日や、降る雪に辺《あた》り一面が灰色に沈んでいる寒い日には、まだ遠い春の日を想ってため息が出ることもあります。が、時折雲の切れ目から注がれる陽の光は輝きを増し、明らかに太陽がわたしたちの元へ戻って来つつあることを感じさせてくれます。そして空が青く晴れ上がる日には、陽は地上に再びあつい熱を送り始めていることを感じます。地上ではさまざまな植物が、そんな太陽の働きに応え始めました。伊達市では二、三日雪の降らない日が続き、庭の植えこみの下にほんのわずかに黒い土が顔を出しました。その植えこみの傘の下に、小さな青い芽を見つけました。凍《こご》える土が溶ける日を待ちきれず、わずかに柔らかくなった土から、ようやく芽を出し始めたのです。そんな植物を、根こそぎ取ることはとても忍びありません。それで、今回もわたしは植木鉢に咲いているクモマグサを観察することに致します。

【観察】

1　周りの土を取り除き、葉を傷つけないようにそっと茎を持ちあげます。茎の端に土の塊《かたまり》がついていて、その塊から細くて白い根が無数にとび出しています。

2　バケツに水を入れて、根の部分を水の中に浸して振るい、土を落とします。

3　根の部分、茎の部分（葉も含めて）、そして花の部分……この三つの部分に注意を払いながら、植物全体をスケッチしてください。

【観察したこと】

1　根の部分……細く堅く、水分も多く含んでいないように見えます。色も無彩色に近く、生命体の働きが強く感じられません。どちらかというと鉱物に近い感じがします。中心になる太い根は切られたように見えます（推測です。さらに推測すると、このクモマグサは挿《さ》し芽によって栽培されたと思われます）。茎の先端が切り取られたように平らで、その周りから4本の少し太い根が出ています。そして、その根にさらにたくさんの細い根がびっしりついています。

2　茎《くき》（葉）の部分……根に近い部分は色も白っぽく、堅く、触ってもあまり水分が感じられません。茎から葉が一定の間隔（約8ミリメートル）を空けて、らせん状に付いています。その角度は約120度（例外もあります）です。葉の大きさは根に近いほど小さく、次第に大きくなって、また小さくなりはじめ、先に行くほどさらに小さくなります。葉は濃い緑色です。それぞれの葉が茎から伸びているところに、新しい芽があります。いちばん上の新しい芽から2本の茎が伸びていて、その1本の先に大きく花が咲いています。

3　花の部分……茎と同じ色のガクが茎を中心にして互い違いに3段に重なって生えています。その先端は茶色の縁取《ふちど》りがされています。ガクの内側には細長くうす紫色の花びらが広がってついています。いちばん外側の花びらは大きく、先端が二つ、あるいは三つに割れています。外側から花の中心に向けて筒状の花びらが4重に取り巻いています。花びらの先は濃い紫色です。中心にゆけばゆく程花びらは小さくなります。指を使って花びらを広げると、花びらの根元は薄い緑色でした。

あなたはどんな植物を観察なさいましたか？「法則」を見つけられましたか？　そして、どんなことに心を動かされたでしょうか？　わたしはこの観察をしていて、この植物の内に在る大きな飛躍を見つけました。根の部分が茎（葉も含む）に移る時、そして茎の部分が花に移る時、大きな「飛躍」が見られました。そして、わたしはそのことにとても心を動かされたのでした。その「飛躍」は植物の「衝動」とも見えるものでした。

根を観察した時、わたしは茎の末端が切り取られたように平らになっていることに気が付きました。そして知識によって、この植物が挿《さ》し芽をして栽培されたのだろうと推測しました。茎の先端のまわりにびっしりと生えている細くて、長くて、白い根と、その上に伸びている太い茎から生えている葉は、明らかに違います。順序良くプロセスを辿《たど》って、根から次第に変容したようには見えません。四方八方へ広がっている、鬚《ひげ》のように細くて白い根から、太くてしっかりした濃い緑色をした茎の間に働いているか。その茎に生えている平らで、四方に広がっていて、茎よりさらに濃い緑色で、つやつやと輝く葉へ移行するために働いているか。根から茎へ、茎から葉へと移行するプロセスは決して穏やかではありません。そこに働いている力は「飛躍」する力なのです。また、茎から花へ移行する途中には、その形、色から判断して、葉が変容したと思われるガクに支えられて「花」が現れます。その色と形に葉の名残を留めるガクが、いきなり色も形もあり様もまったく異なる「花」となってしまうのです。その大きく変容する力、いきなり変容する力を、皆さんは何だと思われますか？　植物はなんと見事に飛躍しているのでしょう！　なんと迷わず、ためらわず、思いきりのよい飛躍を遂げているのでしょう！　わたしはそれを植物の「衝動」と呼んでいるのですよ。必要なことを理解する、必要とされることを決断する、そして成し遂げる……それは植物を「飛躍」させる「衝動」なのです。

わたしたちも人生のさまざまな局面で「飛躍」を必要とされることがあります。「飛躍」を望まれることがあります。わたしが歩く道に横たわる障害を乗り越えるためには「飛躍」するしかない、という局面に立たされることもあります。けれど、わたしは「飛躍」する勇気を持ち合わせていない、と感じることがあります。怖くて怖くて「飛躍」するなんてとてもできない、と尻込みすることがあります。「飛躍」することを求められているのに、今までのやり方を続けてそっと遠回りをすることもあります。

このクモマグサのように、人間の成長の段階にも「飛躍」が見られます。ただベットの上で横になることだけ、人に抱き上げてもらうことだけしかできなかった赤ん坊が、ある日、踵《かかと》を蹴《け》って身体を動かすことができるようになります。自分の力で自分の身体を動かすことができる……なんと大きな「飛躍」でしょうか！　泣いてばかりいた赤ん坊が「マーマー」と言葉を発した……素晴らしい「飛躍」です。

四肢を使って這《は》っていた赤ん坊が、二本の足で立ち上がり、歩く……人間として生き始めるその瞬間は、実に大きな記念すべき「飛躍」ですね。意味のない（赤ん坊にとっては意味があり、理解する人にとっても意味がありますが）音だけを発していた赤ん坊がことばを発し、そして意味のある文を話し始めます。気に入ると有頂天《うちょうてん》になり、気に入らないと泣き喚《わめ》く……そんな本能的な在り方をしていた子どもの内に、憧《あこが》れと尊敬の念が生まれ、憧れ、尊敬する人に倣《なら》って自分が犠牲になることを選ぶ瞬間も、大きな「飛躍」ですね。人と自分が違う存在だと感じる自我が芽生える瞬間は、人間が自分を自分と認識して生き始める大きな「飛躍」の瞬間です。

植物に「飛躍」の瞬間があるように、このように人間にも成長するプロセスの中で大きく「飛躍」する瞬間があります。小さな子どもはその瞬間を意識することはありません。けれど、「飛躍」を遂げるその瞬間は、どんな子どもにとっても勇気の要る瞬間なのです。わたしたちは植物を観察することによって、植物の成長のプロセスの中の「飛躍」を見ることができました。もし、わたしたちが植物を観察したように、注意深く、心を込めて子どもたちを見つめ、子どもたちの言葉に耳を傾け、子どもの発する薫《かお》りに心を留め、愛をもって子どもに触れることができたら、子どもが全身全霊をこめて「飛躍」しようとしていることに気が付くでしょう。そして、その瞬間を見守ってあげることができるでしょう。そして、わたしたちがその瞬間に子どもの傍《かたわ》らに立っていることを知ったら、子どもは勇気を振りしぼって「飛躍」することができるでしょう。怖れる心を振るい立たせて「飛躍」することができるでしょう。後退《あとずさ》りせずに前に踏み出し、「飛躍」することができるに違いありません。どうぞ、子どもたちを真心をもって見つめてください。そして、子どもが「飛躍」しようとするその瞬間を見守ってあげてください。

もうひとつ、「飛躍」するために必要なことを認識する必要があります。それは「飛躍」するために蓄《たくわ》えられる力です。植物を観察した時に気が付かれたと思いますが、植物が「飛躍」するその前には長い長いプロセスがある、ということです。根から「飛躍」して茎が生まれ、その茎に多くの葉が生まれ、その葉が生まれるところに新しい芽が生まれ、それを繰《く》り返し、繰り返しながら昇りつめたところに、ようやく花がつく……「飛躍」するためには、準備に長い時間と大きな力を必要とされるのです。子どもの成長が遅い、いつまでも同じ所に留まっている、いつになったら目を見張るような成長が見られるのか……そんな思いで待っている親、親族、教師、わたしたち。わたしたちが子どもたちの内に在る「飛躍」する力を信じ、「飛躍」する日を辛抱して待ち、「飛躍」して新たな段階に移ろうとしている子どもたちを尊び、大切にすることができたら、子どもたちは間違いなく「飛躍」することができるでしょう。植物が「飛躍」するために、はどうしても経なければならないプロセスがあるように、子どもたちも必要なプロセスを経なければ「飛躍」することができないのです。わたしたちはその「真理」「法則」を、今日の観察で認識することができました。

日々の生活の中にも「飛躍」を見、感じることがあります。ピアノの練習をしている時……同じ曲を何十回となく繰り返しても、どうしても思ったように弾《ひ》けない……そんな日が1週間、2週間（年をとればとるほどその時間は長くなるように思えます）と続いていささか嫌気がさしてきた或る日、突然良い音が鳴り出し、イメージ通りに弾《ひ》けるようになる。はじめてアメリカに行った時、考えていること、感じていることを十分に伝えられるようになりたいと頑張っていました。けれど勉強しても、勉強しても全く効果が上がらないような気がしていました。2ヶ月経っても、3ヶ月経っても伝えたいと思っていることの半分も話ができないと感じていました。そんな或《あ》る日、キャンパスでルームメートに出会いました。わたしはいきなりな長々とその朝受けた音楽史の授業の話を始めたのです。ルームメートは目を大きくして驚いていました。「ユーコ、どうしたの？何があったの？　どうしていきなりこんなに話ができるようになったの？」自分でも驚きました。こういう経験は皆さんもお持ちではありませんか？　辛抱強く、忍耐強く、同じことを続けていると、「ある日突然花開く」ということが……そう、文字通り花が咲くのです。延々と続いていた茎と葉のプロセスが終り、植物は大きく「飛躍」して花を咲かせるのです。

わたしたち大人もまた、「飛躍」を求められることがあります。わたしたち自身が「飛躍」することを望むこともあります。わたしたちの運命が「飛躍」を迫ることもあります。わたしたちはあるプロセスを通り過ぎ、その次の段階に進むためには「飛躍」しなければならないのです。ひとつの段階にいつまでも留まることはできないのです。わたしたちは、「精神の進化を遂げる」ためにこの世に生まれてきました。その目的を達成するためにはいつか必ず「飛躍」しなければならない時が来るのです。怯《ひる》むこともありましょう。恐れる心も湧《わ》きましょう。退《しりぞ》き、逃げ出したくなることもあるでしょう。そんな時には、どうぞ、植物を見てください。生まれ、成長し、変容する、この世のすべてのものはいつか時が来て、「飛躍」するのです。そうして進化を遂げるのです。あなたもわたしもそういう存在なのです。そしてわたしたちの目の前にいる子どもたちも……。

フォーム・ドローイング

フォーム・ドローイングは、偏った気質を調和させるための力になる、シュタイナーはそう話しています。

「偏《かたよ》った気質を調和させるために」

時に、子どもが持っているひとつの気質が偏《かたよ》り過ぎて、その子ども自身が苦しむことがあります。そのために、子どもの周囲にいる人が困ることがあります……友だちが遊んでいる様子を、庭の片隅からじっと見ていて決して動こうとしない憂鬱質《ゆううつしつ》の強い子ども。友だちにいつも強い口調で命令ばかりしている胆汁質《たんじゅうしつ》の強い子ども。落ち着いてひとつの遊びに熱中することができず、次々と遊びを変える多血《たけつ》質《しつ》の子ども。どんな時にも自分のペースを守って、友だちにうんざりされている粘液質《ねんえきしつ》の子ども……皆さまの周りにはこんな子どもがいませんか？　あるいは皆さま自身がこんな課題を抱えていらっしゃるでしょうか。わたしは典型的な胆汁質で、いつでも前へ前へ進もうとしています。ですからわたしと一緒に仕事をしている仲間たちは、時にわたしに立ち止まらせよう、休ませよう、と苦労してくれているようです。勿論《もちろん》、わたし自身が息切れを起こして疲れきってしまうこともありますが……。

　このように偏った気質は、その人自身に困難や苦痛を背負わせることがあります。そしてまた、周囲の人を苛立《いらだ》たせたり、混乱させることがあります。勿論《もちろん》、その人の持つ気質が、大きな仕事を成し遂《と》げることを促したり、周りの雰囲気を明るくすることもあります。隣りにいる人を幸せにする力となることもあります。けれど、どんなことでも「過ぎ」たり「偏る」ことによって、「負」の力として働くことがありますね。

皆さまとご一緒に植物を観察する「エクスサイズ」の中でも学びましたが、世の中には常に「正」と「負」、「明」「暗」、「伸びる力」と「縮《ちぢ》む力」、「成長する力」と「衰《おとろ》える力」……というように正反対の力が働いています。そして、そのことによって世界は均衡《きんこう》を保っています。また、わたしたちの内にも両極の力が働き、また正反対の質も持っています。その正反対の二つの力のどちらが悪い、どちらが良い、ということはありません。そのどちらが欠けても、わたしたちは今のような在り方をすることができないのです。「悪い」と思われている力も、「良い」と信じられている力も、どちらも「過ぎる」と偏り、均衡が崩れます。そして、そのことが困難を生み出し、周囲の人にも迷惑をかけることになります。けれど、均衡を崩すことが必要とされることもあります。時に、わたしたちは意図して均衡を崩すこともあります。なぜなら均衡が崩れた時にこそ、均衡を取り戻すために大きな力が生まれるのですから……。そして、わたしたちの内に新しい力や可能性が生まれるのです。それは人間だけに言えることではありませんね。世界のさまざまな現象についてもあてはまることです。そうして世界は変化し、進化するのです。どうぞ、お考えになってください。あなたの周囲には「ある均衡が崩れたために起きたこと」がありませんか?、「大きな偏りが生んだできごと」を、今わたしたちは毎日のように見聞きしてはいないでしょうか? そして、それを克服した時には、予期したことのなかった新しい可能性が見えはしませんでしょうか。それを乗り越えた時、わたしたちは明るい光を見ることができるのではないでしょうか。ですから、どうぞ必要な時には、敢《あ》えて均衡を崩すことをも恐れないでください。そして新しい均衡を作り出すために生まれる新しい力と可能性を信じて下さい。

さて、12月号でわたしたちは四つの気質について学びました。2月号では、このフォーム・ドローイングの項で、線描画に顕《あらわ》れる四つの気質について学びました。そして偏った気質を調和させるために、どのようなフォーム・ドローイングを子どもにさせたらよいか、ということを今号で学ぶお約束をしました。けれどその前に、わたしは皆さまにお詫《わ》びをしなければなりません。先号でお見せした典型的な四つの気質の絵は、「ひびきの村」のスタッフに描いてもらったものです。シュタイナーいずみの学校の子どもたちに描いてもらう予定でいましたが、「もし、このブックレットを読める年齢になって、彼らがこの文章を読んだ時、どんなふうに感じるだろうか」と考えました。悲しい気持、辛い気持、嫌な気持、裏切られた気持になるかもしれないと思いました。そしてこれが少しでも彼らの苦痛になる可能性があることが予想されるのだったら、それは止めようと思いました。そして大人に描いてもらうことにしました。わたしはそのお断りをしませんでした。「お断りを書こう、書かなければ……」と思いながら、機会を逸してしまいました。「どんな小さな虚偽も、わたしたちの感情体を爆発させる」とルドルフ・シュタイナーは戒《いまし》めていますのに、少しでも気を緩《ゆる》めると、わたしは今でもこういうことをしてしまいます。本当に申し訳ありませんでした。ごめんなさい。

それぞれ別な気質を持つ4人の「ひびきの村」のスタッフに描いてもらった絵を、もう一度見てください。(勿論、彼らにはブックレットに㊎として使わせてもらうことを了解して描いてもらいました。そして描いてもらった後で、皆で気質について話し合いました。それぞれの絵の中に余りにも典型的な気質が顕れていたので、感心したり、大笑いしたり……大いに楽しみました!)彼らには数本の違う色のクレヨンを使って……線描画……を描いてもらいました。わたしは皆に「線を使って描いてね」と頼みましたが、ご覧のとおり、でき上がったものは線だけで描かれているものではありませんでした。それもまた、気質を顕わしていますね。(82頁〜85頁)

ルドルフ・シュタイナーは偏った気質を調和させるために、フォーム・ドローイングがいかに力になるか、ということを話していますが、どのようなフォーム・ドローイングをしたらよいか、ということをあまり具体的に示していません。ですから、今日、皆さまにお伝えできることは、実践を続けてきた方たちがご自分の実践に基《もと》づいて書いてくださったものと、わたしがシュタイナー学校で仕事をしていた時に先輩の先生方に教えていただいたこと、そしてわたし自身のわずかな実践から学んだことです。

《多血質《たけつしつ》》（82頁参照）

多血質の子どもは周りの人や出来事にいつも関心を向けています。けれどその関心は長く続きません。この気質が偏ると、興奮しやすく、また常に不安定で落ち着くことができません。そして、自分を見失う危険があります。なぜなら周囲の雰囲気に過剰に影響されてしまうからなのです。ですから、多血質の子どもたちにはひとつの事を繰《く》り返しさせることが大切なのです。フォーム・ドローイングをする時には、ひとつのモチーフを使っていろいろなバリエーションを描くことができます。

ルドルフ・シュタイナーはわたしたちに次のように示しています。

①この波のモチーフを一回描きます。
②同じモチーフを3回続けて描きます。
③①と②を描きます。その時、①と②間は少し空けます。
④これを数回繰り返します。

このように、多血質の子どもにさせるフォームドローイングは

①ひとつの方向に向かうこと。
②モチーフは上下に揺れる動きがあること。
③同じリズムで繰り返すこと。

が大切かつ必要なことです。こうして、一定の強いリズムが多血質の子どもたちの内に強い生命の力を生み出してくれるのですね。

《憂鬱質《ゆううつしつ》》（83頁参照）

周りから離れて自分の殻に閉じこもることが多く、ひとりぼっちになることがあります。ですから、いつも自分自身に向かっている彼らの関心や力を、外側に向けられるように助けてあげることが必要ですね。憂鬱質の子どもはなにかあると、自分をかわいそう！　と思い、自分で自分を慰めます。けれど、彼らは本当は力を持っている子どもたちなのです。外にはなかなか出てこないその力を、友だちや世の

中に向けられるようにできると良いですね。皆さまもお分かりのように、彼らにはともするとで収縮してしまいがちな力を広げるように促すフォーム・ドローイングが必要です。

ルドルフ・シュタイナーは、「憂鬱質の子どもたちのためのフォルメンは、反省や思索の要素を加える必要がある」と言っています。シュタイナーが「演習とカリキュラム」の中で示したフォルメンは、

① aとbを描きます。

② 83頁のようにaの外側の部分と、bの内側の部分に斜線をつけます。bのさらに外側にも斜線をひきます。

こうして子どもたちはaからbの図形が、そしてbからaの図形が顕れてくるプロセスを体験することができます。これは思考のプロセスですね。外側と内側が対応し、呼応することによって、子どもたちの生命は生き生きと息づくのです。

《胆汁質《たんじゅうしつ》》（84頁参照）

胆汁質の子どもは鋭い感覚と強い意志を持っています。彼らはいつも自分が世界の中心であると感じていて、行動力がありますから、グループをリードして大きな仕事をやり遂げることができます。ただ、物事が自分の思いどおりにいかないと、癇癪《かんしゃく》を起こしたり、周囲と衝突をし、摩擦《まさつ》を起こすことが多くあります。ですから、自分の周りの人や物事に対して寛大で、細やかな心を持つことができるように促してあげればよいのですね。気質は決して変えようとするものではないということを、わたしたちは学びました。ですから、胆汁質の気質を認め、損《そこ》なうことなく、調和的な在り方が可能になるように、助けてあげたいものです。

① 胆汁質は自分が中心です。そして内に持っている関心や力が外へ外へと向けていきます。これはそのプロセスです。決めた目標に向かって直線を描きます。

② 彼らの外へ向かう心と力を、もう一度内側に向けて調和を図ります。曲線を使って穏やかな力に変えるのです。そのプロセスをここで体験します。

③ そしてさらに、その外側にある世界にも手を加え、

美しいものに変えます。

《粘液質《ねんえきしつ》》(85頁参照)

どんな場合にも自分のペースを守ります。ゆったりと構え、物事に対する反応がすぐには現れません。外に向ける関心が少なく、内面が活発に動いていないように見えますが、興味を持ったこと、自分で決めたことは集中して長く続け、完成させることができます。眠ることと食べることが好きな粘液質の子どもには、目覚めることを助けてあげる必要があります。

ルドルフ・シュタイナーは粘液質の子どもにさせるフォーム・ドローイングについて、こんなふうに言っています。「まず描き、次にそれを消してしまうことで、粘液質の子どもをその粘液から引っ張り出すことができる」と……。一度描いた線を消す必要がありますので、黒板で練習できるとよいですね。家で練習する時には消すことができませんので、他の線を強く描くと良いでしょう。

①円を描きます。円の中心に印をつけます。

②円の周りを8等分し、印をつけます。

③中心を通って弧を描きながら、aからd、bからg、cからf、eからhを結びます。クレヨンで強く、太く描きます。

④aとb、cとd、eとf、gとhを結ぶ円周の上を強くクレヨンで描きます。

⑤花びらのような形が4枚できます。その花びらに見える部分をきれいに塗ります。

この練習は年齢に応じてさまざまなバリエーションがあります。いずれにしても、同じことの繰り返しは、粘液質の子どもたちの意識をますます眠らせてしまいます。色を塗ったり、線を強く描いて刺激を体験させてください。

フォーム・ドローイングについて、わたしたちは二つのことを学びました。一つはフォーム・ドローイングが子どもたちの意志に強く働きかけ、意志の働きに形を与えるということ。そしてさらに、意志の働きが線の運動の中で表わされ、その線の運動は運動感覚によって捉《とら》えられということです。二つ目は、フォーム・ドローイングは子どもたちの感覚、特に運動感覚と平衡感覚に強く働きかけ、ひいては子どもたちの自我の働きを強くするために、大きな力となるということです。この二つのことだけは、わたしの少ない経験の中からも確信を持ってお伝えできることでした。子どもたちの感覚の発達を促し、意志の力が育つことを助けるフォーム・ドローイングは、後に感情をそして思考を育てるための大きな力になるのですね。

フォーム・ドローイングについてはわたしの経験が浅いこともあり、紙面も限られていて、最初に計画していたより、お伝えできたことはずっと少なかったように思えます。通信講座の2年目にも皆さまとご一緒に、もっともっと学ぶ機会を作りたいと考えています。また、フォーム・ドローイングに関する本がたくさん出版されていますので、興味をお持ちの方はどうぞ参考になさってください。

最後に、就学前の子どもたちにはフォーム・ドローイングをさせないということを、付け加えておきます。シュタイナー幼稚園の子どもたちは、紙や黒板に描く代わりに、円や直線を歌やリズムに合わせて歩きます。線や形を身体の動きで体験するのですね。また、シュタイナー幼稚園の子どもたちは、それをオイリュトミーでも体験します。なんて幸せな子どもたちなんでしょう！

※各気質のフォーム・ドローイングは次の82頁～85頁にあります。

多血質

①

②

③

憂鬱質

a

b

胆汁質

①

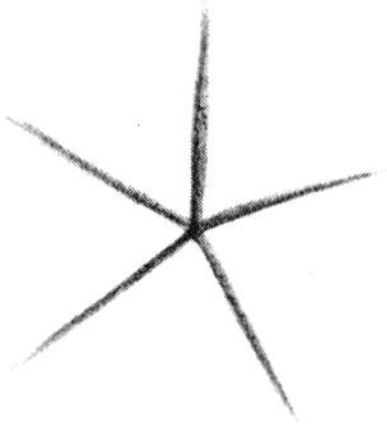

②

③

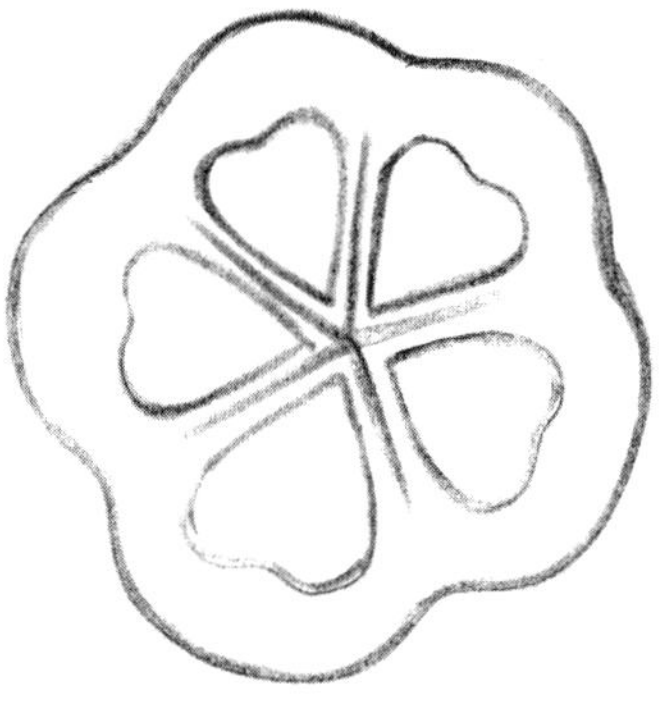

粘液質

①

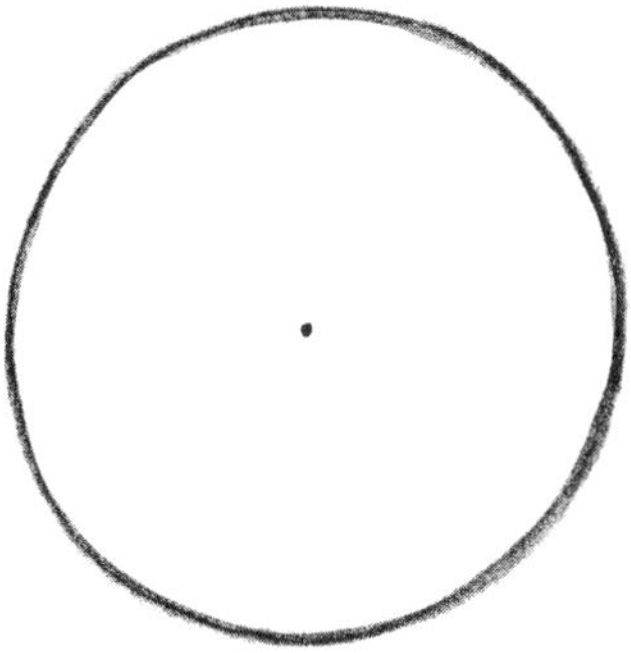

②

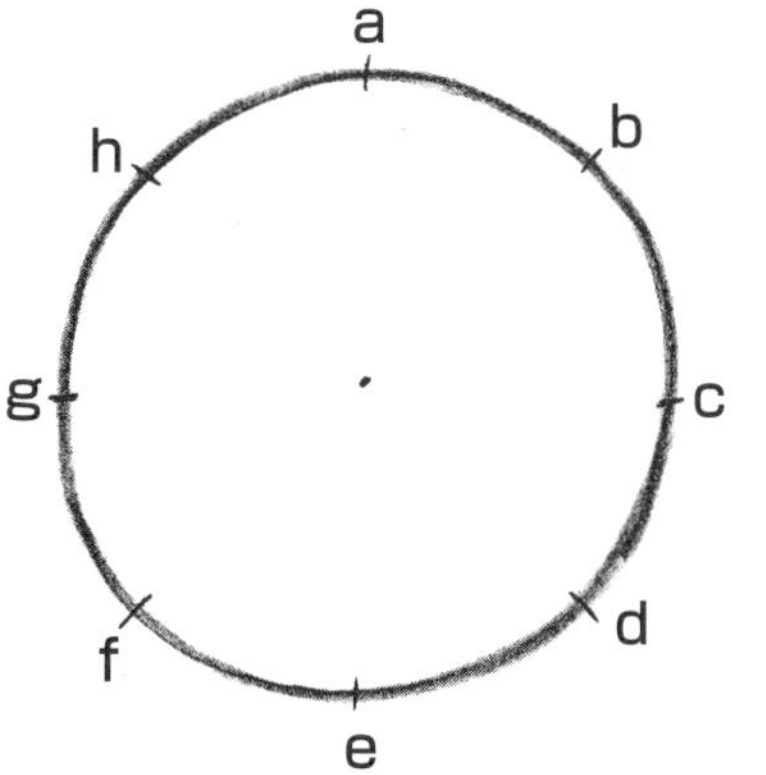

③

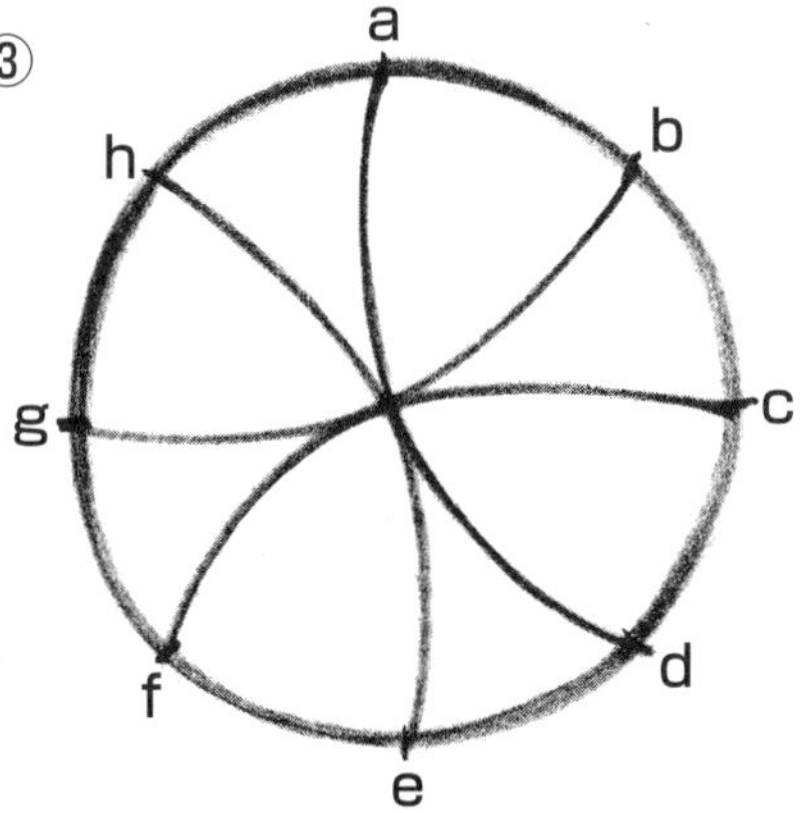

④

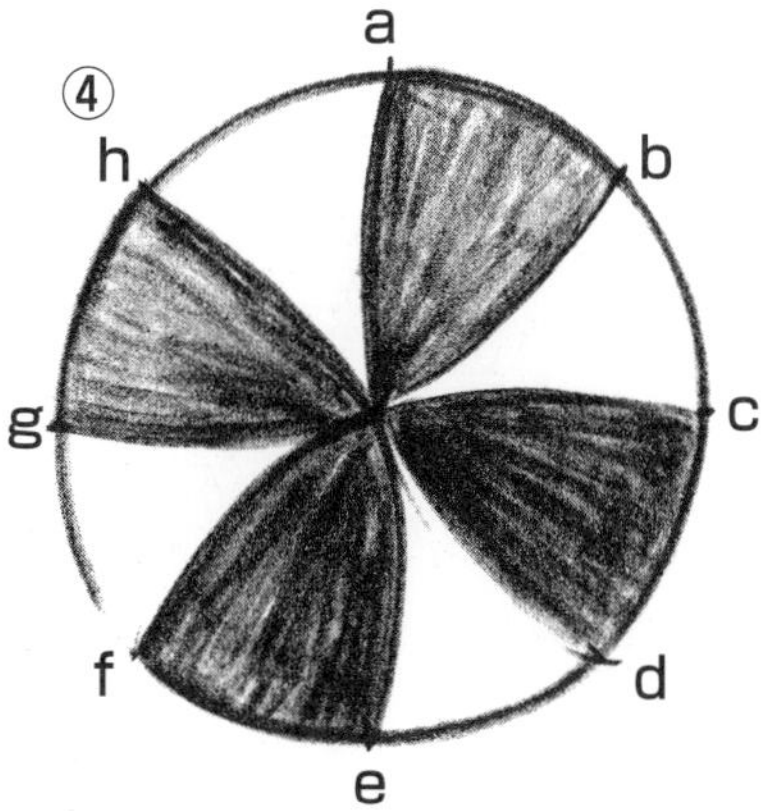

Q&A

大村祐子さんが皆様から
寄せられたご質問に回答します。
子育ての悩み、教育問題、
人智学、人生相談、人間関係など、
テーマは自由です。

FAXまたは郵便でお願い致します。

あて先〒101-0054東京都千代田区神田錦町3-21　三錦ビル
ほんの木「大村祐子さん」Q&A係まで
FAX03-3295-1080　TEL03-3291-5121（編集室）
あなたのお名前、ご住所、電話番号をお書きください。
質問は編集部で200字以内にまとめます。原則的に記名で掲載します。(イニシャルも可)

私は明日からがんの治療に入ります しっかりと、気負わずに頑張ります

Q

今、目覚めた私自身と向き合うことで、何かが始まるのではないかと思っています。足を地にしっかりつけ、空を見上げて、私のまわりにあるすべての事を私自身で感じ、考え、思いながら学び、私自身を生きていこうと思っています。私は明日からがんの治療の日々を送ります。しっかりと気負わずに、がんばろうと思っています。学び、知ることで、きっとのりこえられるのではと思っています。　愛知県　三吉敬子さん

A

敬子さん、お加減はいかがですか。身体がだるくはありませんか？　どこか痛くはありませんか？　苦しくはありませんか？　吐き気はしませんか？　熱が高くはありませんか？

敬子さん、あなたのお手紙を読んで、わたしはあなたの気高さに、潔《いさぎよ》さに、志の高さに打たれて泣いてしまいました。しばらく嗚咽《おえつ》がとまりませんでした。困難の中に在っても人はこんなにも静かでいられるのだ、こんなにも凛凛《りり》しくなれるのだ、こんなにも穏《おだ》やかでいられるのだ……あなたの在り方が、わたしの心を激しく揺り動かしたのです。敬子さん、わたしも地にしっかり足をつ

けてあなたの傍《かたわ》らに立ちたいと思います。あなたと一緒に空を見上げたいと思います。そしてあなたとわたしの周りにあるすべてのことを、心で感じ、頭で考え、手足を使って行いたいと思います。あなたが感じていることをわたしも感じたい、あなたが考えていることをわたしも考えたいと思います。そして、今、病を得たあなたができないことを、わたしの手足を使って行いたいと思います。

わたしのことを少し話してよろしいですか？ わたしも若い頃に闘病生活をおくったことがあります。16歳の秋に、肺結核と診断を下されました。一生懸命勉強して、希望した高校に入学して半年経った頃でした。結核は長い間、不治の病として人に怖れられてきましたが、1961年のその当時は抗生物質の新薬が開発されて、療養すれば完治する病気になってはいました。が、それでも長い療養を必要とされることには変りありませんでした。わたしは病気になったことよりなにより、休学しなければならないということに強い衝撃を受けました。「2年か3年、あるいはもっと長期になることも覚悟しておくように」と医者に言われました。両親は大変落胆しました。特に、わたしの成長や成功を唯一の楽しみとして、困難な人生を生きていた母は落胆を通り越して、病気に罹《かか》ったわたしを激しく詰《なじ》りました。わたしは世界中でひとりぼっちになった気がして、とても淋しかった！

「未だ16歳なのですから、家で療養した方が良いと思いますよ」医者にはそう勧められましたが、わたしは療養所で治療を受けることを望みました。そして雪の降る寒い日に、東京の郊外にある結核専門の療養所に入りました。わたしは1日でも早く病気を治して学校へ戻りたいと思いました。ですから、医者の言い付けを守り、看護婦の勧めを聞き、懸命に療養しました。安静時間には必ずベットに横たわり、してはいけないと言われていることは絶対にしませんでした。無断で外出するなど、とんでもないことでした。そんなことは考えてもみませんでしたので、同じ病室の人に誘われた時には驚きました。

翌年の秋には左の肺を切除する手術を受けました。「若い時に大きな手術を受けると、人生観が変る人がいるから……」と言って渋る主治医を説き伏せて、外科医が勧める手術を受けました。手術を受けるための検査はとても苦しいものでした。そして手術の後は吐く息、吸う息の一つひとつが激痛を伴うという苦しさを味わいました。喉《のど》に絡《から》まる血痰《けったん》に息が詰《つ》まり、死ぬのかと思ったこともありました。

3週間後、初めてベットから起き上がると、夕日に照らされて、赤く輝く赤松の幹が目に入りました。わたしはその美しさに涙しました。生きていて良かった！ 生かせていただいてありがとう！ と、わたしの生命を守ってくれたすべての力に心から感謝しました。今でも目を瞑《つむ》ると、赤く輝いていた赤松の幹をはっきりと思い浮かべることができます。そして夜とも昼とも分らぬ混沌《こんとん》とした意識の中を漂《ただよ》っていた不思議な感覚をふっと思い出すと、38年も前の出来事は、今生であったことなのかしら？　と訝《いぶか》しく思うほど昔のことに感じられます。

敬子さん、あなたがこの大きな困難を乗り越えられるよう、心から祈っています。大丈夫！　あなたはあなたの人生を、あなた自身の意志で選んだのですもの！　涼《すず》やかなあなたの瞳《ひとみ》が見つめている青い空が、わたしの目の前に広がっています。晴れやかな笑顔で、すっきりと気負わずに立っているあなたの姿が、わたしには見えます。ひたむきに学び、知ることの一つひとつが、あなたの力になっていることを感じます。

お元気になられましたら、またお便りください。待っていますね。

「いずみの学校」共感しましたが生徒が二人という点は？

Q 「いずみの学校」の内容、大変共感致しました。記事を読んでひとつ気になることは、生徒が二人ということです。周囲の環境はスタッフも含め、すばらしいものだろうと想像しますが、子どもには様々な個性の中で自分と違った人間（同世代）と接することで得られるものも貴重ではないかと考えております。この点についてお考えをお聞かせください。　神奈川県　小島もと子さん

A 「シュタイナーいずみの学校」にお子さんを入学させたいと真剣に考えていらっしゃるお母さん、お父さん方からもよく同じことを訊《たず》ねられます。

わたしはいつも考えるのですが……わたしたちはこの物質の世界で完全なものを望むことができるのだろうか、と……。学校教育を考える時に大切なことがいくつかあります。わたしにとっては、

①教育の内容そのもの
②教育の根底にある思想
③教師の生き方と世界観
④環境

です。わたしにとっては言うまでもなく、①はシュタイナー教育です。②はルドルフ・シュタイナーの思想です。③は人生の目標を「精神の進化」として努力している人、真理を生きようとしている人、この世の価値を物質にではなく、精神に持つ人です。④は鉱物と植物と動物と人間が共存できる所です。

この四つの条件がわたしにとっては欠かすことのできない大切なものです。お気付きになられたことと思いますが、この条件の中に「子どもの友だち」はありません。勿論、子どもにとって友だちはとても大切です。けれど、教育そのものと友だちのどちらかを選ばなければならない状況に在るのでしたら、わたしは教育を選びます。今、ご自分のお子さんたちを「いずみの学校」で学ばせると決めたご両親は、わたしと同じように、子どもが大勢の友だちと一緒に学ぶことを諦《あきら》めて、教育そのものを選ば

れたのだと思います。わたしたちはご両親のお心を大切にしたいと考えています。友だちと関わりを持つことによって子どもの内になにが育まれるのか、わたしたちは考えました。……愛すること、愛されること、人を思いやること、忍耐すること、敬うこと、憧れること、共に生きること……わたしたち教師と二人の子どもたちとの関わりの中で、彼らの内に必要な力が育つように、そしてわたしたち自身の内にも同じ力が育まれるように、わたしたちは努力しています。わたしたちの一挙手一投足が正しいものであるか、わたしたちの一言一言が真なる言葉であるか、常に考えています。また、わたしたち教師同士の関わりの中でも同じ力が育まれるように望んでいます。わたしたちの努力を、生きる姿勢を、共に働いている姿を、わたしたちの会話を、子どもたちは見、聞いています。そして、人はどのように共に生きるのかということを学んでいると、わたしは確信しています。

小島さん、ご心配くださってありがとうございます。岳史《たけし》くんと茜《あかね》ちゃんは近所に仲良しのお友達だちがいて、学校から帰ると毎日暗くなるまで遊んでいるということです。毎週木曜日の芸術教室にも、月に2回の土曜学校にも仲良しのお友達だちがたくさんいるんですよ。そして来年、再来年になればきっと「いずみの学校」には新しいお友だちが来ることでしょう。わたしたちも楽しみに待っているのです。

自分の育った環境と自分に自信なく情緒不安な私が、娘を育てて…

Q

自分の両親との関係がうまくいっていないため、また自分の育って来た環境や自分自身に全く自信がないので、娘を育てていてとても心苦しい日々が続いています。情緒不安な母親に育てられて、これまで娘（三歳）の心にはどんな傷ができてしまったのか、考えてみるだけで哀しい気持ちになります。まず、自分自身を立て直したくて、そのきっかけになるのではと信じて、シュタイナーを学ぼうとしています。これから、娘をどのように育てていけばいいのか、また私自身、変わることができるのか、是非教えて頂きたいと思っています。（私は両親と関係を持つと、それがきっかけで自律神経失調症になり、家事、子育てに支障をきたします。この病気のシュタイナー的な治療法はあるのでしょうか）

千葉県　匿名希望

A

この方と同じような悩みを抱えていらっしゃるお母さん方からよく相談されます。「わたしは子どもの頃から両親と良い関係を持つことができませんでした。心の底から甘えたこともありませんし、わがままを言ったこともありません。両親の気に入らないことをしたり言ったりしたら、嫌われる、可愛がって貰《もら》えない……いつもそんな不安な気持ちを抱いていました。そのためでしょうか、結婚して子どもを持って幸せな家庭を築こう、と思っていたのに、自分が親になったら、今度は自分の子どもと良い関係を持つことができないのです。こんな母親に育てられているわたしの娘は可愛そう！　心配していたように、娘もわたしと同じように情緒が不安定な子どもになってしまいました」

正直に言いますと、わたしはなんとお答えして良いか分らないのです。もし、わたしが言えることがあるとすれば、「あなたがそのご両親を選んで生まれてきたのですよ。わたしたちは今生で果たそうと決めてきた使命と、課題を持って生まれてきました。それはあなた以外の誰が決めたのでもありません。あなた自身が決めたのです。そして同じようにあなたの娘さんも、あなたを母親として選んで生まれてきました。彼女の課題を果たすために……。わたしたちは生まれ変るたびに新しい課題を決め、その課題を果たすことによって、より「精神の進化」を遂げようとします。その目的を遂げるためにもっとも相応しい環境を、わたしたちは選んで生まれてきたのです。ですから、良い関係を持てない、と今あなたが嘆《なげ》いておられるご両親は、あなたが選んで生まれてきたのです。その環境は、あなたがあなたの使命を遂げるために、あなたの課題を果たすために必要だと、あなた自身が見極めたのです。どうぞ、もう一度あなたの周囲を見回してください。恵まれていると感謝することも、困難だと嘆くことも、逃げ出したいと尻ごみすることも……すべてはあなたの「精神の進化」を遂げるために、あなた自身が選んだのです。そう思い極めることです。思い極めて今の環境の中で、できることを探し、それを始めることです。悩み、思い煩《わずら》い、迷っていたのではいつになっても状況は変りません。

現実的なことを言えば、あなたがご両親と関わることによって神経に失調をきたすのであれば、その関係を断つことも、一つの解決の方法ではありませんか？　それとも、あなたは今、ご両親と良い関係を築くために努力することができますか？　できにくいのでしょうねえ。できるのでしたらこんなに悩むことはありませんものね。できないことを無理にしようとするので、神経に失調をきたすのですものねえ。

しばらくの間、ご両親と関わらず、あなた自身の問題と取り組まれたらどうでしょう？　あなたがあなた自身を変えたいと望んでいるなら、そのことに全力を尽くしたらいかがでしょう？　その時大切なことはあなたがどのように変りたいのか、はっきりとした人間像を持つことです。わたしは料理をする時はこんな料理を作ろうと、はっきりしたイメージを持って始めます。部屋を掃除をする時も、こんな風にきれいに整えようと、きれいになった時の部屋のイメージがはっきりしています。編物をする時もこんな形の、こんな模様の、こんな色の……というイメージがあります。あなたはどうですか？　どんなことをするにも、まずイメージを持ってから始めるでしょう？　それと同じように、あなたがあなた自身を変えたいと思うなら、どのように変りたいのか、はっきりとしたイメージを持つことです。「明るい人になりたい」とか、「行動力のある人になりたい」とか、「人に好かれたい」など、漠然《ばくぜん》としたイメージではいけません。「友人や知り合いに出会ったら、必ず自分から笑顔で挨拶をする人になろう」とか、「嫌なことを言われたら、愛想笑いをせず、嫌な気持を態度で表わそう。そして自分の気持を正直に言うことのできる人になろう」とか、「毎晩、娘に自分の作った物語を話してあげられるお母さんになろう」というように、具体的なイメージを持つのです。そしてそれを一つずつ、遂げていくのです。1年に一つずつでも良いのですよ。

10年経ったら、あなたはどんなに変わっていることでしょう。想像ができますか？　わたしには見えますよ、あなたが生き生きと輝いて、自分自身を生きている姿が……。なんて素晴らしいんでしょう！　さあ、今日から、今から始めてください。もし、本当にあなたが変りたいと望むのであれば……。難しいことでしょうか？　でも、わたしに言えることはこれだけなのです。

ルールを守れずに、ズルをする男の子 私を母親のように甘えてくるのです

Q **毎週日曜の午前中に遊びに行っている児童館で知り合った、小学校二年生の男の子のことで悩んでいます。集団遊びが苦手で、オセロをしていてもルールを守れず、ズルをして勝とうとします。児童館の先生は、学校でも学童クラブでもルールが守れないために浮いている、と心配していらっしゃいます。そんな彼は私に対し、「家に遊びに行ってもいい？」「図書館へ一緒に行こう」とまるで母親に甘えるように言ってきます。娘は一歳八ヶ月なので、午後はお昼寝もありゆっくりしたいので、遊びに来られると困ってしまいます。先生、親でもない私が、彼にどのように接したらよい方へ行ってくれるのでしょうか。**

東京都　西野里実さん

A わたしにはあなたの状況がよく理解できませんのでお尋ねしますが、日曜日に一歳八ヶ月になる娘さんを連れて児童館に遊びに行くのはなぜなのですか？　週日は幼稚園や学校へ行っているお兄ちゃんやお姉ちゃんが、日曜日には児童館に遊びに来ていて、あなたの娘さんが一緒に遊べるからですか？

こんなことをお尋ねしているのは、あなたが心底この2年生の男の子に関わろうとしていらっしゃるのか、関わりながら、彼に必要なことをあなたがしてあげようとしていらっしゃるのか、わたしにははっきり分らないか

らなのです。あなたもおっしゃっているように、もし、あなたがこの男の子の母親に代わって、彼に必要なことをしてあげようと決めているのでしたら、できることはいくつかありますね。友だちと遊べるようになるためには、平衡感覚が育つように助けてあげることが必要です。そのための練習があります。いつも彼の信頼に応《こた》えてあげて、彼の抱えている不安な心を癒《いや》してあげることも必要でしょう。ルールが守れない彼のために、とっておきの物語もあります。彼をあなたの膝の上に乗せて話してあげますか？

　彼が必要としているこのようなことを、あなたはしてあげられるでしょうか？　難しいことですね。彼のお母さんにお会いになって話されたらいかがですか？　あなたが彼の力になりたいと思っていることを……お母さんは喜んであなたにお願いするかもしれません。もしかしたら、お節介なことだと気を悪くされるかもしれません。話しにくいようでしたら、あなたが彼に関わることは諦《あきら》めて、児童館へは日曜以外の日に行くこともできるでしょう。

　わたしは若い時、人のためになると思って無理なことをたくさんしました（あなたのことではありません。わたしのことです）。よく考えもせずに始めたことが重荷になり、途中で投げ出して迷惑をかけてしまったというようなことも数限りなくあります。自分の気持だけが先行して、相手の立場や、相手の思いや、相手が望んでいることすら思い遣《や》ることができませんでした。そんなわたしは今「この人のために、これができたらどんなに良いだろう」と思いながら迷い、躊躇《ためら》い、見過ごしてしまうことがよくあります。「あの人はきっとこれを必要としているのだろうな」と思い至りながら、素通りしてしまうこともあります。情けないと思います。不甲斐ないと唇を噛《か》むこともあります。でも、最後まで責任を果たせないのでしたら、情けない自分を、不甲斐ない自分を認めようと思うのです。そして、できることだけを一生懸命、真心を込めて、丁寧《ていねい》にしようと心に誓っています。いつか、人を助けることのできる自分を思い描いて……。

　西野さん、児童館で出会った男の子があなたの助けを必要としていて、そしてあなたが彼に手を差し伸べてあげられるのでしたら、そうなさったら良いと思います。彼はどんなに幸せでしょう。けれど、もし、あなたが「これはわたしの仕事ではない」とお思いでしたら、この仕事は彼の両親に返されたら良いと思いますよ。だれもあなたを責めることはありません。あなた自身が責めない限り……。そしてその男の子のために祈ってあげてください。彼のことを思い出すたびに……。それで十分なのではないでしょうか？　あなたの祈りはきっと彼の力になるでしょう。

痴呆《ちほう》の祖母の世話をする母にシュタイナーの人智学を知らせたい

Q

私の母は痴呆の祖母の介護をしている。しかし、母は「ボケたら終わりじゃね。ああは生きたくないけん。私はボケる前に自殺するけんね」が口ぐせだ。介護といっても「ボケとるけん、わからんわい」と冷たい態度。私は痴呆になったばあちゃんにも生きとる意見はあると思いたい。母に言わせると、私の言葉は「ええかっこ」らしいのだ。そんな母もシュタイナーの人智学を知れば生きる意味が見えてくるのでは、と思うのだが、どうでしょうか。

愛媛県　匿名希望

A

「痴呆になったおばあちゃんが生きる意味」を、真剣に考えておられるあなたに介護されて、あなたのおばあちゃんはなんてお幸せなんでしょう。あなたは年をとるとなぜ人間はボケるのか、考えたことがありますか？　精神科学を根底にして、ルドルフ・シュタイナーが人間の一生を洞察した「人生における七年周期」という考え方を、わたしは学んだことがあります。それによると、人間はこの地球上に生まれ、生き、そして死ぬ……それを何度も何度も繰り返しながら「精神の進化」を遂げています。そして、繰《く》り返し地球上に人間として生まれてくるその合間には、いつでも精神界に在るというのです。

生まれたばかりの赤ん坊を見るとそれは明らかなのではないでしょうか。赤ん坊はこの地上のことや、地上で生活するために必要なことをなにも知りません。精神界から下りてきて、精神界により近い在り方をしています。そして、地上のさまざまなことを体験し、習い、覚えゆくのです。人間はだれでも、地上で人間として生きる間に遂げなければならない課題や使命をもって生まれてきます。そのためには知恵と力が必要です。その知恵と力を授《さず》けることが教育の仕事なのですね。わたしたちは獲得した知恵と力とを使って使命を遂げ、課題を果たします。そして寿命を終えて再び精神界に戻ります。

わたしたちは生まれてくる前には10ヶ月の間お母さんのお腹の中で準備をします。その間、物質の世界で生きるために自らの肉体を整えるのです。それと同じように、わたしたちは地上での仕事を終えようとする時、再び精神界に戻るための準備をしなければなりません。人生を70年前後と考えると、わたしたちの地上での生活も35歳を境に、次第に精神界に戻るための準備を始めなければなりません。わたしたちが生まれる時に精神界のことをすべて忘れてきたように、再び精神界に戻る時に、わたしたちは肉体を持った人間として地上で生きていたことを忘れる必要があるのです。わたしたちは地上で暮らしていた肉体を持ったまま、そして肉体に属している明らかな意識を持ったままでは精神界に戻ることができません。精神界に戻るためには、地上的な意識を失うことが必要なのです。それをわたしたちは「痴呆《ちほう》」と呼んでいます。

ですからわたしたちがボケることは、この地球を離れて精神界に戻るために、どうしても必要なことなのですね。そうです。「痴呆」とは人間として人生を全うするために、どうしても必要なことなのです。勿論、人間の生き方が千差万別のように、死に向かう準備のし方も人によって違います。わたしの親しい方は90歳でもなお明らかな意識を持ったまま亡くなりました。事故で突然亡くなる方もいます。自ら死を選ぶ方もいます。わたしたちにとって「死」は「誕生」と同じほど大切なことです。いつか皆さまとご一緒に、「死」について考える機会を持ちたいと思っています。

ともかく、あなたがおっしゃるように、あなたのおばあちゃんは最後の努めを果たしているのですね。あなたのように、おばあちゃんの傍《かたわ》らにいて、おばあちゃんと共に生きている人には、おばあちゃんの内に在る精神界に戻ろうとしている人間の本質がきっと見えることでしょう。それは光り輝き、厳《おごそ》かで、尊い姿をしているのでしょうね。どうぞ、おばあちゃんの、この世での最後の時間を一緒に過ごすことができる幸せを、大切になさってください。

「ひびきの村」とは

シュタイナー教育で知られるドイツの思想家ルドルフ・シュタイナーに倣い、「共に生きる」試みを続けていたら・・生きるために必要な最小限のエネルギーを自然界からいただき、生活に必要な物はできる限り自分たちの手で作る。お年寄り、子ども、そして力の弱い者を大切にし、皆が支えあって生きる・・ということに行き着きました。「ひびきの村」はそんな生き方をしたいと願う人々の村です。牧草が生える小高い丘の上にある村は、噴煙をあげる勇壮な有珠山、初々しい山肌を見せる昭和新山、蝦夷富士と呼ばれる羊蹄山、美しくたおやかな駒ケ岳に囲まれ、目の前には穏やかな水面を見せて噴火湾が広がっています。

入道雲が顔を出す丘。

美しく整えられたナーサリー。

カレッジの教室。

ミカエル・カレッジ

おとなが学ぶ学校です。美しい自然の中で共に学び、共に生きる人々と深く関わりながら、ルドルフ・シュタイナーが示す人間観と世界観を学び、それを日々の生活の中で実践する力を養います。そして、生きることの意味と自らの使命が明らかになることを目指します。

- **自然と芸術と人智学を学ぶコース**
- **シュタイナー学校教師養成コース**
- **シュタイナー治癒教育者養成コース**
- **シュタイナー農業者養成コース**
- **シュタイナーの絵画を学ぶコース**

ピアノの向こうに広がる草原。

ラファエル・スクール

―教育が治癒として働き、子どもがありのままの自分でいられる学校―

ルドルフ・シュタイナーの人間観をもとに、子どもの様々な個性に応えるシュタイナー治癒教育を実践する学校です。障害の有無に関わりなく、どの子にも治癒教育は必要と考え、統合教育を目指しています。そして、子どもたち一人ひとりに備えられた力が十全に育っていけるように、「ひびきの村」の恵まれた自然の中での野外活動と芸術活動を大切にしながら、専門家と協働しています。子どもたちは「ひびきの村」で暮らすすべての大人に見守られ、愛されながら、「生きることってすばらしい！」「人と共に暮らすことっていいな」「学ぶことって楽しい」と心から感じられる毎日を過ごしています。―**子どもたちができないことを数え上げて、「・・だから、わたしには教育できない」と考えるのではなく、「・・だから、わたしはこの子と共に生きよう」と決める**―というルドルフ・シュタイナーのことばを、わたしたちの教育活動の礎としています。

フォレストベイ・ナーサリースクール

3歳から6歳のこどもたちのための、シュタイナー幼児教育を実践する保育園です。美しい自然と動物、信頼し愛するおとなに守られて、子どもたちはのびのびと成長しています。

サマープログラム

夏！丘の上をそよぐ風に吹かれ、太陽のぬくもりに温められ、慈雨にあたり、ほんとうに心にあることだけを話し、聴き、行う。1年に一度、心と体を洗濯しにいらしてください。

プログラム内容

「ひびきの村を体験する」「シュタイナー学校の授業を体験する」「子どもの成長と発達とカリキュラム」「シュタイナー幼児教育」「シュタイナー幼稚園と学校の運営」「オイリュトミー楽しむ」「言語造詣を堪能する」「音を創り、聴き、楽しむ」「シュタイナー家庭の医学」「ホメオパシーとシュタイナーによる治療」「治癒教育者養成講座」他。関心、興味に応じてお選びください。中高生のためにはキャンプを、また幼児、小学生のためのプログラムもあります。ご家族そろってお出でください！

こだまする子どもたちの声。

村の中を行き交う人・人・人。

ゆっくり・のんびり滞在

あなたは・・たまにはひとりになりたい。自然の中で何もせずゆったりと過ごしたい。温泉につかって一日中ぼーっとしていたい。ゆっくり考えたい。心ゆくまで潮風に吹かれたい。明るいおひさまの光の中でお茶を飲みたい。木陰で鳥の声を聞きながらお昼寝をしたい・・のですね。いつでも「ひびきの村」にいらしてください。ビジターハウスもあります。自然素材を調理したお食事も用意しています。おいしいお茶とお菓子もあります。

風にゆれるひな菊。

ビジタープログラム

短期間の講座受講、学校見学、ボランティアワークなど、いつでも、どのような形でもお出でいただけます。ご希望に沿ってスケジュールをお作りいたします。ご相談ください。

ウィンディーヒルズ・ファーム

シュタイナー農法（バイオダイナミック農法）を実践しながら、野菜、麦、ハーブ、加工品、放し飼いの鶏の卵を販売しています。太陽、月、星々の運行が生み出す壮大な宇宙のリズムに従って成長した作物は、生命の力に満ちて生き生きとしています。

のんびり草を食む馬。

えみりーの庭

「ひびきの村」で作られたお茶、入浴剤、ジャム、パン、クッキー、草木染の数々、またシュタイナー教育の教材、世界中から集められた手作りクラフトなど美しい品々、書籍、レメディーなどを販売しています。通信販売もしています。

【お問合せ】　ご質問などございましたら、ご遠慮なくお問合せ下さい。
「ひびきの村」事務局　〒052-0001　北海道伊達市志門気町6-13
電話 0142-25-6735　Fax 0142-25-6715　E-mail : info@hibikinomura.org
Home Page : http://www.hibikinomura.org　（２００８年８月現在の情報です。）

読者のお便り

●ドイツへ留学します

『わたしの話を聞いてくれますか』が、私の背中を押してくれました。私は、やはり自分とよく似ている長女と、あまり楽しいとは言えない子育てをしてしまっています。自分がもっと自分でいられるように、子どもたちをもっと愛してあげられるように、毎日必死です。でも、こんな私でもいいんだ、みんな同じように悩んでいるんだと思えるようになった今、そしてもっと自分らしく生きてもいいんだと前に一歩進めることができたのは、この本とこの通信講座のおかげです。シュタイナー学校の教員資格を得るためにドイツへ留学します。

東京都　匿名希望

●未来の子どもたちに学校を

我が子のために読み始めた一冊の本がきっかけとなって、私自身の内で未来の子ども達の魂が正しい方向に導かれて欲しいという願いが今の活動になっていると思います。現在、月二回の子どもクラス（エポック授業）を開いています。ゆくゆくはクラスを増やし、全日制の学校へとしていきたいと考えていますが、なかなか思うようにならないのが現状です。でも、大村さんの本を読んでいると勇気が湧いてくるようで、とても心強いです。急いではいけないとつくづく感じさせられます。

埼玉県　S・Kさん

●忘れていた「教育の柱」がある

私は公立の中学校で教鞭《きょうべん》を執《と》っておりますが、常々子ども達に何をしてあげられているのだろうかと疑問に思っていたところ、大村さんの本に出会いました。ことばひとつひとつが真理なのです。私は教育における基本的な理念を忘れていた（というより学んだことがない）のです。教育の柱、言い換えれば木の幹にあたる要素が、この本の中にはあります。教師を辞めようと思っていたのを引き留めてくれたのも、大村さんの本のおかげです。感謝しています。

山口県　高橋正実さん

●タイで日本語教師をしています

私はタイ王国の高校で日本語を教えています。日本では幼児に英語を教えていたこともあって、教育にはかなり興味を持ち、重要だと思っています。しかし、今は外国にいるため、文化等が違うので、学生とのふれあいも難しいものがあります。タイでは、先生と生徒の差がはげしく、体罰も当たり前です。授業は完全に講義形式で、生徒達はしらけています。でも、私とは友達同士のようで、それも少し問題なような気もするのです。また、麻薬をしていそうな生徒がかなり多く、その対応に今、大変困っています。悩んだり、励まされたりの毎日です。

タイ　村上恵津子さん

●生きづらさを解消したい

四歳と八ヶ月の二人の娘がいます。上の子は三歳のときに場面緘黙《ばめんかんもく》と診断されて、現在月二回カウンセリングに行っています。私自身が子どものころから何かわからない生きにくさを感じていて、学生の頃は精神分析の本を読みあさり、社会人になってからプロテスタントに入信もしました。でも、どう生きてゆけばよいのかについては答えが見つかりませんでした。見つかったようなフリをしていました。長女が赤ちゃんのころからの子育ては、体の発達がゆっくりだったこともあり、かなりしんどくてつらいものでした。もどかしいことが多く、時に私は激高したりして、すっかり長女は何か表情のぼんやりした、外で動けない子どもになってしまいました。自分を表現できない長女を見て、私はとても焦《あせ》りました。そんな時に次女を妊娠し、長女は一気に赤ちゃん返りをしてしまいました。母子一緒のカウンセリングを受けながら、私は長女の生きづらさを少しでも解消して、生きる力をしっかりつけさせたいと思いました。いろいろなシュタイナー関連の本を読み始め、インフォキッズ・メーリングリストに入会しました。そこで大村さんのことを知ったのです。少しずつ勉強し、理解していくと共に次女が生まれ、生活が落ちついてきたこともあり、私は今、以前よりだいぶラクな気持ちで子育てに取り組めていると思います。自分の使命をいつか果たすのだといつも心に覚え、祈っていくことができるようになったのも大きいのです。情緒障害の中でも特に心因性緘黙《かんもく》は、母親に大きな原因があると言えます。緘黙児の子育ては、当人でなければ分かりにくいつらさがあるものです。母親の自己教育が子どもの環境をまさに美しくするのだと実感しています。そんなことで、シュタイナーの治療教育についてもっと勉強したいし、いつか緘黙児のお母さんのためのホームページかメーリングリストを作れたらなと思っています。

神奈川県　中村朋子さん

●まず私が私の尊厳を持ちたい

ブックレット5号を読んで、特に「子どもの暴力」のところがとても心に響きました。日々、過ごしている中で自分自身のことを考えてみると、「子どもの気持ちを考えて、いつもおだやかにいられる人でありたい」という理想が私にはあるのですが、それもストレスになっていて、疲れていたりすると大きな声を出したり、物にあたったりしてしまいます。そうしてしまってから、自分が情けなくて、「子どもにとっての美しい存在からまた離れてしまった……」と落ち込み、それでまたストレスを受けます。最近、子どもも私と同じようなことをするようになり、とても辛く感じました。でも、5号を読んで、まず私が私の尊厳を持ちたい、それによって変わったところを子どもにも見せたいと思いました。そのために、恥ずかしいけれど、今書いているこの文とブックレット5号を夫にも見せて協力を願おうと思いました。

京都府　匿名希望

●出会ったのは必要性があったから

仕事や交友関係で出会う人に対して、無関係で知り合ったのではなく、何かの必要性があって出会ったのだと考えるようになりました。仕事（医師）の上では医師対患者（病気になったのだから来ている人）という関係以上の、自分もその方から与えていただいているものがある（人生の一部を共有させていただいている）という気持ちになります。まだ、医師としても一人前ではありませんが（子育てもまだまだ続きますし）、人智学に基づいた医療を学ぶこと、日本の臨床に生かすことが理想です。

福岡県　M・Kさん

●感覚を大切にして生きる

感覚を大切にして生きることの重要性を痛感しています。どうしても頭の中の理論や考えたことだけにとらわれていることの多い自分を、講座を読むたびにあばかれているようで、今まで知らずにいたことが恐いような、ゾッとするような気になります。それでも自分は小さい時などけっこう野放しで育ってきたように思うのですが、これからの子どもたちのことを考えると、とても厳しい状況にあるのでは？　それでも人間はなんとかやっていくのかしら、といろいろと考えることしきりです。でも、少しずつ自分も人の感じ方を分かってあげられるようになってきたように思います。

福岡県　馬場淳子さん

●自分を少しでも変えていけたら

回を重ねるごとに自分の中に手応えを感じています。自分は何のために今ここに生かされているのかという疑問への答えが見つかりました。今までたくさんの人達を傷つけて生きてきた自分を、少しでも変えていけたらと思います。そのための良い指針になっています。あとは共に学べる仲間がほしいです。いつも本当にありがとうございます。

大阪府　藤原敦子さん

●お話の力で感情が解放された

私には四月から小学校に入る年長の長女と年少の次女がいます。小学校に入ることを楽しみにしている反面、不安もあるのか、このところ長女が腹を立てて、お友達の頭をグーで殴ってしまったり、妹のことを突き飛ばしてしまっていました。ちょうど、妹の方が甘えから登園拒否になっていたので、生まれた時から天使が一人ひとりについて見守ってくださっているから、母親から離れても心配のないこと。あなたが泣けば天使の翼が重くなって飛べなくなってしまうのだ、という話をしてあげていました。思いついて長女に、人に怒りの気持ちやねたみなどを持った時、その天使の翼が黒くなってしまい、あなたが笑ったり、優しい気持ちを持った時、白く輝くのだと話しました。誰でも怒りを感じる時はあるのだけれど、もっと天使を輝かせてあげたらいいねと。その後、3号に載っていたシュタイナーの幼稚園で唱えることばを唱えさせたところ、娘が泣き出してしまいました。心の中の感情を自分でもどうしていいのか分からなかったのかもしれません。いつもなら押さえつけてしまうのですが、お話の力で子どもたちが解放され、勇気づけられた気がします。シュタイナーの通信講座があってよかったと思いました。ありがとうございます。これからも長くおつきあいさせてください。神奈川県　匿名希望

●自分がしたいことをすればいい

人の評価など気にせずに、自分がしたいことをすればいいということを改めて感じました。子育てに関しても、「いい母親だと思われたい」という気持ちが常に頭の中にあり、子どもの「やりたい」という気持ちも止めていたような気がします。これからは、自分の子どもをよく見つめて、他人を気にせずに、意志を尊重していってやりたいです。

宮城県　匿名希望

●身近な人のようにお慕いしています

大村さんのような方でも悩み、反省した過去があり、現在でもある、ということに、大変励まされました。人として、母親として、完璧を求めがちな私が、「肩の力を抜いてね」と言われたような温かさを感じました。先生の温かいお人柄、他人を受け入れるということ、いつも素晴らしいと尊敬……というより、身近な人のように思えて、お慕いしております。先生にもONとOFFがあって、お疲れをためていらっしゃらないよう、お祈りしております（失礼な心配ですね……すみません）。

東京都　風間佳子さん

●たくさんの人に知ってもらいたい

この通信講座を知るきっかけとの出会いがとても限られた所でしかないように思います。児童館とか保健所とか子育て中の人が出向く場所とか全国誌に載せるとか、いろんな人の目に触れる機会が増えると、「シュタイナー」という言葉を、私ももっと大きな声で話せるような気がするのですが……。東京から静岡に来て、「シュタイナー」の知名度の低さに、そして幼児教育の場ですら、先生たちですら知らない人ばかりなのに驚いてしまいました。そして残念でなりません。たくさんの人に知ってもらわないと、特殊な人ばかりが結束しがちになり、近寄りがたくなってしまいます。　静岡県　名取憲子さん

●通信講座で希望の明かりが

シュタイナー思想との出会いから十五年近く経ちますが、難解（？）な「人智学」等の本を読んでみては途中で挫折することを何度も繰り返し、私にはシュタイナー思想を実践することは無理だとあきらめかけていましたが、このブックレットを書店で見た時、希望の明かりが見えました。通信講座を始めていただいて本当にありがとうございます。　千葉県　村田福世さん

●この本に出会わなかったら

これまではシュタイナー教育の幼稚園の事などしか知らなかったので、この本を読んでシュタイナー思想は子どもの前に、私にとって必要

☆イベント等のお知らせに関しては、恐れ入りますが、大村祐子さんの通信講座のリーフレットの配布及びブックレットや本の販売についてご協力いただくことを前提に掲載させていただくことに致したいと思います。イベント情報ご応募の方はどうぞよろしくお願い致します。

なものだとわかりました。今まで、私はシュタイナー教育の表面しか知らなかったことがわかり、シュタイナーの思想を深く学びたいと思いました。この本に出会わなければ、私の今の考え方、この先の人生は大きく違っていたでしょう。心から感謝しています。通信講座の現在の色々な企画が入っている形は、小さい子どもがいて、なかなか時間のとれない私には読みやすいです。ひびきの村の活動内容も知りたいですが、できればシュタイナー教育・思想の部分をもっと多くして頂きたいです。

東京都　三宅恵里さん

●母に何もしてやれないもどかしさ

ブックレット4号にお年寄りの介護の話題があって、頭の隅に自分の七六歳の母のことが浮かびました。まだ先のことかなと思っていたのが、昨年暮れに腰痛で入院……そのうち話さなくなり、二月には「うつ病」と診断され、今も入院し続けています。直接、親を見ることになっているのは長男夫婦です。入院している病院から一時間くらい離れた所に住み、二歳の娘、小学校一年生の娘、三年生の息子を抱えた私が何をしてあげたらよいのか。がむしゃらに働いて八人の子どもを育ててくれた母に、何もしてやれないもどかしさばかりあります。母を見ていると、一生懸命だったがゆえに、忙しかったがゆえに、自分を省みることはなかったように思います。私自身も、今は母と同じように自分とは向き合わず日々を暮らしています。

長崎県　Y・Nさん

●父親にも届いていればよいのだが

Q&Aの内容を見ると、女性会員の多さが推測されます。教育の問題は個人としての生き方の問題であり、母親の問題と同時に父親の問題でもあると思いますが、その意味で、このブックレットが母親だけでなく、父親にも届いていればよいのだが……というのが感想です。

愛知県　下山いつきさん

★4月より藤沢で就学前の幼児を対象としたオイリュトミー教室が始まります。講師は、スイスでオイリュトミーを学び、ドイツで舞台活動や治療教育幼稚園に勤務していた、オイリュトミストの猿谷利加先生です。4月は体験期間(参加費は一回2000円)として親子での参加をお待ちしています。毎月第2・4日曜日、午前10時半より正味40分くらい。

○問い合わせ先　手塚清子さん　神奈川県藤沢市鵠沼藤が谷4・11・17

★英国から講師を招いたシュタイナー教育に関する講演会とチャリティコンサートが4月、全国各地で開催されます。主催はｓｅａｓｏｎｉｎｇ。一昨年4月に英国で始まった小さな組織ですが、自然と共存する生活を基盤にお互いを大切にする自立した人間、社会を育てていこうとする大きな夢を持っています。講演はキングスラングレイ・シュタイナー校教師養成主任のデニス・マッカーシー氏、コンサートは元ロイヤルフィルハーモニーオーケストラ首席チェリストのノーマン・ジョーンズ氏。4月10日佐世保、12日松江、14日大阪、16日岐阜、19日東京、20日大宮、21日宇都宮、23日矢板、25日佐倉で開催。千葉県佐倉市では、4月25日午前10時から講演会（入場料500円）、午後6時からコンサート（入場料2000円）、場所はCATVホール（京成ユーカリが丘駅より歩3分）。

編集室だより

■1年間ありがとうございました

第6号をお届けします。早いものでもう1年。大村さん、そして全国の会員の皆様、読者の皆様本当にありがとうございました。第1号から6号、ご感想はいかがだったでしょうか。

大村さんは2月も大忙しでした。大分、熊本の講演も超満員。2月18日は東京で講演会。2月19、20日は2日間、スクーリング、（左ページに写真があります）すぐ翌日からは、ひびきの村の「いずみの学校」全日制の教師に逆戻り。その間に、本号の原稿を書いて下さったそうです。いやはやすごい。「ひびきの村」も若い人々が全国、いや世界から集まって、ますます活気一杯だとか。私たちほんの木も刺激を大いに受けています。もっと良いブックレットを、もっと工夫を……と力を入れていきます。皆様の優れたお知恵もぜひお借りしたいと思います。今号のご感想などや企画提案もぜひFAX（郵送も可です）にてお送りください。お待ちしています。FAX03・3295・1080（ほんの木編集部）

■2000年度通信講座の募集

引き続き、ぜひお早めにご入会をいただければ幸いです。「らでぃっしゅぼーや」会員の方は恐れ入りますが「らでぃっしゅぼーや」での第2年度の募集が、5月中旬以後に行われますので、そちらでお申し込みください。

ほんの木でのご入会申し込みは、本号の95ページ～97ページをごらんください。くわしい入会方法がのっています。

4月に入りましたら、お電話にてご案内をさしあげる予定でおります。おそれ入りますが、何卒ご理解くださいますようお願いいたします。（第2年度、未入会の方に対してのみです）

また、これからも皆様に、チラシ・リーフレットの配布ご協力をお願いさせていただきます。毎度あつかましいお願いですが、なにとぞ、ご友人、知人、お子様のかよってらっしゃる、幼稚園、保育園、学校、そして育児サークルなどで、ご関心の高い方々にお配りいただければ幸いです。「よし、私配ってあげる！」という心意気の方、どうかご連絡ください。もちろんFAXでお申し入れくださっても大歓迎です。

シュタイナー関係の講演会やイベント等、ありましたらお知らせください。編集部としては皆様のそうした全国での情報を集めてゆきたいと考えています。よろしくお願いいたします。

■東京スクーリング・レポート

2月19日・20日。お陰様で大好評の中、スクーリングが終了しました。初めての試みでもあり、大村さんはじめ、絵画の中村トヨさん、幼稚園担当の小野里このみさん、そして「えみりーの庭」と季節のテーブル担当の杉本啓子さん、萩原翠さんとも朝早くから準備に入り、1日め10時すぎに、幼稚園の部がスタート。参加の皆さんも熱心に、そして楽しそうに、午後の大村さんのレクチャーもふくめ、過ごしました。2日めは小学校の部でした。10時から、大村さんの授業がスタート。午後は一問一答を中心に、授業の背景の説明などがありました。絵画の中村トヨさんは、各50人近い参加者の絵の具溶きや、準備で必死でしたが、全てうまくでき、関係者はホッと一息ついたのでした。準備は正直、12月からなかなか大変だったのです。キャンセルや変更等が寸前まで続き、また用具の段取り、会場準備など、不慣れのため、行き届かぬ点も多かったと反省しています。

3月19・20日の大阪、（4／1の今号発行前に終了していますが）4月29・30日は東京のキャンセル待ちの方のため追加スクーリングがあります。今後も精度をさらに高めて、期待にそえるようセットアップします。今回参加できなかった方、次回はぜひご参加ください。

2月20日東京

■講演会を主催したい方へ

大村さんのスケジュールが厳しいため、一定の時期に、まとめて数か所の予定で講演会を開催することができますが、ご希望の方は編集部TEL03・3291・5121か、ひびきの村事務局TEL0142・25・6735までお問い合わせください。スケジュールのご希望を調整し、ご返事申しあげます。3〜6か月先を見越して、お早めにお問い合わせください。

■ひびきの村がTVのニュースに

3月6日、札幌テレビの「道産子ワイド」という、人気夕方ニュース番組に「ひびきの村」が放送されました。6分間、大村さんが担当する「いずみの学校」の授業風景を中心に、ひびきの村の活動が感動的に流れました。いよいよ北海道に力強く根付いてゆく……そんな予感のするニュースでした。

■読者欄へのイベント掲載について

読者ページのイベント欄への掲載について恐れ入りますが、①ブックレット等のチラシ・リーフレットの配布をしていただけることを条件にさせていただきたくお願い致します。また、②願わくば、大村さんの本、ブックレットの販売、またアンケート調査のご協力などもいただければ幸いです。

最近、時々お問い合わせのあるケースとして、「通信講座会員」の名簿を地元のシュタイナー関係イベントや勉強会結成のため使わせて欲しいとのご希望が目立っています。ほんの木としては名簿に関しては一切社外での利用を禁止しており、会員のプライバシー保護を徹底しています。どうぞ善意のイベント等であっても、当社の方針ですので、お気を悪くされぬようおゆるしいただきたく、お願い致します。

■ブックレットNo.7〜12について

最後になりましたが、第2年度通信講座通巻7〜12号、ご入会いただきたく重ねてお願い致します。4月より、入会申し込み、退会連絡のない方々に、大変に失礼かと思われますが、ほんの木より「ご入会の確認」のため、ご迷惑でしょうが、前述のように電話を入れさせていただきたいと思います。どうぞおゆるしください。

また郵便振込みはめんどくさい、近くに郵便局がない、という方のために、ほんの木では、宅配代引きシステムもご用意しておりますのでご安心ください。恐れ入りますが、年間会員制度上、初回一括8000円（送料・税込）にてお願い致します。途中入会の方も大歓迎です。くわしくは、ほんの木までお問合せください。

なお、初年度第1号〜6号までの6冊セットが揃いました。まだご入会でない方、卒業、入学祝いや、赤ちゃんを初めて持った方へのプレゼントなどに、とても使い易く、ピッタリの内容です。教育界の方々や保母さんなどにも必読の書と思われます。ぜひ6冊セットを、よろしくお願い致します。

ほんの木〒101・0054 千代田区神田錦町3・21 三錦ビル TEL03・3291・3011 FAX03・3291・3030（編集はFAX03・3295・1080）

大村祐子さんのプロフィール

1945年北京生まれ。東京で育つ。1987年、カリフォルニア州サクラメントのルドルフ・シュタイナー・カレッジ教員養成、ゲーテの科学・芸術コースで学ぶ。'90～'92年までサクラメントのシュタイナー学校で教え、'91年から日本人のための「自然と芸術」コースをカレッジで開始。1996年より教え子らと共に、北海道伊達市でルドルフ・シュタイナーの思想を実践する共同体「ひびきの村」をスタートさせる。「ひびきの村」代表。著書に「わたしの話を聞いてくれますか」、「創作おはなし絵本」①②、「シュタイナーに学ぶ通信講座」第1期・第2期・第3期、「ひびきの村シュタイナー教育の模擬授業」「昨日に聞けば明日が見える」「子どもが変わる魔法のおはなし」などがある。(共に小社刊)

シュタイナー教育に学ぶ
通信講座シリーズ　NO.6
「人はなぜ生きるのか」
シュタイナー教育が目指すもの

2000年4月1日　第1刷発行
2008年8月29日　第5刷発行

著者　大村祐子
企画・編集　(株)パンクリエイティブ
プロデュース　柴田敬三
発行人　高橋利直
発行所　株式会社ほんの木

〒101-0054東京都千代田区神田錦町3-21　三錦ビル
TEL03-3291-3011
FAX03-3291-3030
編集室FAX03-3295-1080
URL http://www.honnoki.co.jp
E-mail info@honnoki.co.jp
振替00120-4-251523
印刷所　株式会社ケムシー
ISBN978-4-938568-77-1

ひびきの村ミカエルカレッジ代表、大村祐子さんが書いた

家庭でできるシュタイナー教育に学ぶ通信講座

第3期 シュタイナーを社会に向けて

子どもは大人を見て育つ、親のためのシュタイナー教育

好評発売中

全6冊セット割引特価8,400円（税込）送料無料
価格 1～6号1,470円（税込） 1冊ずつでもお求めいただけます

読者の皆様から感動や共感のお便りが届いています。特に3号で掲載した大村さんの授業内容「アフガニスタンの歴史と子どもたちの姿」は、多くの方の共感をよびました。第3期は、私たちがいかに世界と社会に責任と関わりを持って生きるかを考えていきます。

3期1号

世界があなたに求めていること

3期2号

人が生きることそして死ぬこと

3期3号

エゴイズムを克服すること

3期4号

グローバリゼーションと人智学運動

3期5号

真のコスモポリタンになること

3期6号

時代を超えて共に生きること

読者の声

●シュタイナーの考え方を身に付け、家庭で母親としてできること。

私はシュタイナー教育について詳しいことは知りませんでしたが、大村さんが親切に説明してくださるので、とてもわかりやすく学ぶことができました。日々の生活の中で、シュタイナー教育を取り入れていくことは、私自身がシュタイナーの考え方を身に付けていくことなのだと感じています。また何もできない自分、当たり前のことができない自分を恥ずかしく思いつつも、そんな自分でなければできないこと、母親としてできることを探していきたいと思いました。（埼玉県・吉村さん）

●育児に奮闘の毎日、共感できて心がほっとやすらぐ冊子。

このシリーズの冊子を手にすると、心がほっと安らぐような、忙しさの中のささやかなオアシスになっています。今、子育て真っ最中なので、読みながら「そうか！」「こういうことあるな」「なるほどね」と、共感しきりです。大村さんの書く内容は、抽象論だけでなく、実際の体験をもとにやさしく話しかけてくれる感じです。育児に奮闘する毎日の中、この本をいつも身近に置いて参考にしています。（東京都・鈴木さん）

ご注文は「ほんの木」までお申込みください。定価1,260円（税込）以上の書籍は送料無料です。ほんの木 電話03-3291-3011 ファックス03-3291-3030